BÉATRICE DENAES

Ce corps n'était pas le mien

Histoire d'une transition tant attendue

F1RST
ÉDITIONS

ISBN : 978-2-412-06134-3
Dépôt légal : novembre 2020
Imprimé en France par Normandie Roto Impression s.a.s. (2003244)

Directeur de collection : Laurent Guimier
Avec la collaboration éditoriale d'Odile Duburcq
Correction : Nathalie Reyss
Maquette intérieure : KN Conception

Editions First, un département d'Edi8
92 avenue de France
75013 Paris France
Tel. : 01 44 16 09 00
Fax : 01 44 16 09 01
Email : firstinfo@efirst.com
Site internet : www.editionsfirst.fr

« L'ignorance mène à la peur, la peur mène à la haine et la haine conduit à la violence. Voilà l'équation. »

Averroès (philosophe du XIIe siècle).

À mes amours…

Christine, Élodie, Aurélien, Félix et Firmin.

SOMMAIRE

Avant-propos

Ce livre est né d'une volonté irrépressible de témoigner. Pour beaucoup d'entre vous, dire que l'on est né dans le mauvais corps avec une « erreur » de sexe est incompréhensible, voire inaudible. Et pourtant, nous sommes des centaines de milliers dans cette situation de dysphorie de genre. Mais la question de la transidentité, la souffrance des transgenres qui conduit souvent au suicide sont encore peu abordées. La méconnaissance de cette différence mène à la transphobie : des moqueries, des agressions, voire des crimes. La Journée mondiale des victimes de transphobie, en 2017, révélait la mort de 325 femmes et hommes transgenres en un an, victimes des coups de leurs agresseurs *[Libération, 20 novembre 2017]*.

Cette différence, nous ne l'avons pas choisie. Dans mon cas, j'ai dû vivre en la cachant pendant près de soixante ans, avec des moments où j'aurais aimé en finir définitivement.

Beaucoup d'amis, notamment journalistes, m'ont poussée à écrire cette histoire d'erreur de la nature, mon histoire. Non, nous ne sommes pas des monstres, des pervers ou des déments. Ma famille, mes amis l'ont bien compris en me soutenant avec amour et bienveillance. Par cet ouvrage, je souhaite également aider celles et ceux qui souffrent de cette terrible dysphorie de genre. Notamment les plus jeunes et leurs parents. Peu le savent, mais la France est pionnière : notre Sécurité sociale est la seule au monde à prendre entièrement en charge le suivi et le traitement de la transidentité. Grâce à l'extraordinaire équipe hospitalo-universitaire parisienne de médecins et de soignants spécialisés dans cette question, j'ai pu enfin naître dans le bon corps un certain 13 février 2019. Ce fut ma nouvelle naissance et aujourd'hui, alors que mon esprit et mon corps sont réconciliés, je peux le dire : je commence à m'aimer.

Avertissement

Mettre un « e » ou ne pas en mettre, telle a été ma question tout au long de la rédaction de cet ouvrage. Même si, depuis ma naissance, mon esprit est au féminin, mon corps, lui, était au masculin. J'ai donc décidé de « sauver les apparences » et de n'utiliser le « e » féminin qu'à partir de 2018, et, exceptionnellement, lors des quelques séquences féminines antérieures.

Mercredi 13 février : (re)naissance

« Je suis FEMME ! » À défaut de le hurler dans la salle de réveil, ce que mon éducation et mon côté peu extraverti m'interdiraient, je le hurle dans ma tête. Une tête vraiment très vaseuse, mais avec quelques neurones encore assez actifs pour me souffler un bonheur tant attendu…

L'opération s'est déroulée il y a cinq heures à l'hôpital Tenon, dans le XXe arrondissement de Paris. Un instant plus tôt, l'infirmière réanimatrice s'est penchée sur moi : « Madame, comment ça va ? » Le réveil est lent et nauséeux. Autour de moi, une multitude d'autres lits donnent l'impression d'un vaste parking, plongé dans une pénombre reposante. Ma main descend vers l'entrejambe, sent un gros amas de compresses : le pansement est conséquent. Je voulais « vérifier ». Mais pourquoi douter ? Je suis le plus heureux des êtres humains. Immense sourire intérieur : je suis enfin moi-même, je suis enfin une vraie femme. Quelques larmes coulent sur mon visage. Ce 13 février 2019 est le jour de ma nouvelle naissance.

Grâce à la médecine et à ma chirurgienne, la Dr Sarra Cristofari, mon corps est enfin le mien, celui qu'il aurait toujours dû être. Il y a près de soixante-trois ans, je suis né (au masculin) dans le mauvais corps ; il ne correspondait pas à ma personne. Dès l'âge de 5-6 ans, je me suis rendu compte que quelque chose ne collait pas, que j'aurais dû être une fille, que j'étais une fille, mais que l'« emballage » n'était pas le bon. Cette lourde souffrance m'accompagnera toute ma vie…

Aujourd'hui, même si je ne peux le vérifier, je sais que cet horrible sexe pendu entre les cuisses durant des décennies n'existe plus. Ou plutôt, grâce à la médecine, il a permis – paradoxalement – de m'offrir mon sexe féminin.

La chirurgienne passe s'enquérir de mon réveil. La fameuse question : « Sur une échelle de 1 à 10, quelle est votre douleur ? » « Sept. » Oui, c'est douloureux. Une pompe à morphine est alors connectée à la perfusion. Malgré un état vraiment très nauséeux, je lui fais part de tout mon bonheur. Je suis FEMME. Un joli sourire éclaire son visage.

Une autre infirmière vient me prévenir que ma fille est là, dans le service de chirurgie plastique. Sa présence me réchauffe le cœur. Elle voulait m'accueillir à mon retour de la salle de réveil, malheureusement, l'opération a débuté avec beaucoup de retard et je remonterai trop tardivement dans ma chambre pour la voir et l'embrasser.

Hasard du calendrier : ce 13 février, jour de ma nouvelle naissance, est le jour de la sainte Béatrice. « Sais-tu que ton prénom signifie "qui rend heureux" ?, m'écrira une de mes belles-sœurs. Certainement pas anodin… » Je l'espère… Béatrice est en effet le prénom que je me suis choisi il y a quelques années. C'est au moins un des avantages de celles et ceux pour qui la nature s'est trompée : elles, ils peuvent choisir leur prénom quand elles, ils se mettent en conformité avec leur esprit. Beaucoup de prénoms « modernes » me plaisaient, comme Léa, mais je trouvais ridicule à mon âge d'opter pour un prénom trop jeune. Et puis, j'avais envie de garder mes initiales BD, de ne pas changer de signature, cette signature avec le trait final qui s'élance vers le haut, vers le ciel, vers l'avenir. En faisant une recherche sur les prénoms commençant par B, assez peu nombreux, j'ai aimé Béatrice. Et surtout son diminutif, Béa, peu éloigné de Léa.

Bardée de perfusions et l'esprit très embrumé, je suis rapatriée dans ma chambre. Il est plus de 20 heures. Je bénéficie d'une chambre moderne et individuelle avec une grande fenêtre donnant plein sud. L'hôpital Tenon date de 1878, mais la chirurgie est implantée dans une aile toute récente et très fonctionnelle.

J'ai raté l'heure du repas, distribué vers 19 heures. Mais je pense que, vu mon état, j'aurais été incapable d'avaler quoi que ce soit. L'aide-soignante me propose deux yaourts « au cas où ». Je serai heureuse de les avaler vers 3 heures du matin, les nausées m'ayant quittée. Difficile de dormir cette nuit : les contrôles classiques (les constantes) se font toutes les deux heures, sans oublier la douleur. La pompe à morphine est bien utile.

0-6 ans

Ma première naissance a lieu le 14 mars 1956 à Calais. Il est 4 heures du matin. Une maman secrétaire dans un cabinet d'architecte, travail qu'elle abandonne lorsque je nais. Un papa employé dans la librairie-papeterie de sa mère, plus spécialement chargé de la facturation et de la comptabilité. Ils choisissent de me prénommer Bruno, Pierre, André : Pierre comme mon père et André comme mon oncle, le frère de ma mère qui sera mon parrain. Nous quitterons assez vite le petit appartement de mes premiers mois pour emménager au-dessus de la librairie, dans un grand appartement de deux étages. Juste à côté de la papeterie où résident mes grands-parents paternels. Les deux magasins sont situés dans une rue du centre-ville, la rue des Quatre-Coins. Une rue commerçante avec sa boucherie, son épicerie, sa poissonnerie, son pressing, son photographe, sa mercerie, son magasin de bricolage, sa parfumerie, son café, sa pâtisserie et même son magasin de « farces et attrapes », comme on disait à l'époque. Sans oublier la librairie-papeterie F. Denaes, F comme Fabienne, le prénom de ma grand-mère. Avant la Seconde Guerre mondiale, elle avait créé sa première petite boutique de livres sur le trottoir d'en face. Puis elle s'est agrandie en achetant deux magasins qui allaient gagner une forte réputation de sérieux et de compétence avec, pour clients, de nombreuses administrations, entreprises et établissements scolaires de la région. Mon grand-père, boulanger comme son père, la rejoindra pour s'occuper plus spécialement de la papeterie.

Mes parents sont décédés assez jeunes ; j'ai donc peu de souvenirs de ma petite enfance. Juste ce que ma mère indiquait dans le petit carnet à spirale vert que j'ai toujours gardé, comme : « Bruno prononce très bien Papa et Maman à 9 mois » ou « Bruno marche seul à 12 mois, même 11 mois et demi ». On sent la fierté de la maman...

Mes seuls souvenirs d'enfance sont liés aux photos. Chaque fois que je les regarde, je me dis que j'étais un peu « fille » à ma naissance et dans les mois qui ont suivi. Quand je montre mes photos vers un an, un an et demi, on s'exclame : « Oh, la jolie petite fille ! » Il est vrai qu'avec des traits plutôt fins, des cheveux longs et une barboteuse assez ample, je fais très « fille ». Mais, à cet âge-là, la distinction physique fille-garçon n'est pas toujours très évidente, m'affirment certains amis, comme pour casser (involontairement) mon enthousiasme. Cela me fait tout de même plaisir de me dire qu'à un an, on pouvait me désigner fille...

C'est à l'école que la sensation d'être mal dans ma peau va se révéler. Après trois mois dans une école maternelle « pour m'adapter », disaient mes parents, j'entre avec une année d'avance, à 4 ans, au Petit Collège, une école primaire publique, assez bourgeoise et au niveau plutôt élevé. Une chance pour moi, mais aussi une source de moqueries : c'est la seule école primaire mixte de l'époque à Calais. Au moment des récréations, je me réfugie souvent auprès de mes copines. Je les aime, ces copines, calmes, douces, gentilles ; pas comme les garçons qui se battent, qui me bousculent, qui se moquent de moi. Justement parce que je m'entends bien avec les filles... « Hou, il est amoureux… » Non, pas vraiment… En fait, je me sens bien avec elles ; j'aimerais être l'une d'entre elles.

Ma famille est très catholique, je suis inscrit au catéchisme. Souvent, le cours religieux se termine par une partie de foot dans la cour de la salle paroissiale. Mais je suis nul et, franchement, taper dans un ballon avec des garçons qui se prennent pour de grands joueurs, cela ne m'attire pas. Et cela me vaut de joyeuses moqueries.

Le catéchisme est donc là pour m'apprendre à être un bon catholique. L'aumônier était sympathique, plutôt « moderne ». Il nous demandait quand même de faire tous les soirs notre « prière au Bon Dieu ». Et je la faisais, cette prière, persuadé que Dieu allait m'entendre et exaucer mes souhaits : « Jésus, je t'en prie, je voudrais être une fille. » En grandissant, ma prière s'est faite plus précise avec les éléments d'anatomie féminine appris au fil des ans : « Jésus, transforme-moi en fille et donne-moi des seins. » Je me rendrai compte que Dieu ne pouvait pas grand-chose pour moi. Toutefois, je continuerai intérieurement à « prier » pour ne plus être ce garçon que la nature avait offert à mes parents. Avec aussi, déjà, cette envie irrépressible de pouvoir un jour donner naissance à des bébés…

Tous les jeudis après-midi, je me rendais au cours de dessin de Madame Jacob. J'aimais bien dessiner, mais surtout, il y avait cette copine de cours, un peu plus âgée, toujours en jupe et en bas. Nous étions dans une salle en forme d'amphithéâtre, afin de permettre à tous les rangs de voir parfaitement la diapositive projetée sur l'écran pour la reproduire sur notre feuille de papier Canson. Je m'arrangeais pour me placer sur le rang en dessous du sien. D'autres garçons aussi d'ailleurs : pour eux, le secret espoir de voir sous la jupe des filles. Pour moi, d'admirer ses jambes couvertes de jolis bas couleur chair, comme ceux de maman. Je l'enviais. J'aurais voulu être elle, j'aurais voulu aller à ce cours de dessin en jupe, mettre des bas, des chaussures avec un petit talon et être fille avec de longs cheveux coiffés avec une tresse ou de mignonnes petites couettes.

Jeudi : « Dada à l'hôpital »

Jeudi. Je suis vraiment cloué au lit. À gauche, la perfusion ; à droite, la sonde urinaire. Cette journée, après une nuit peu réparatrice, commence à s'écouler. Je suis incapable de me concentrer. Impossible de lire ou de regarder un film ou une série sur mon iPad. En revanche, je découvre avec quelques larmes la vidéo postée sur WhatsApp par le papa de nos deux petits-fils, une vidéo adorable avec Firmin, le plus petit (5 mois), baragouinant quelques sons, et Félix (3 ans et demi) me disant : « Bonjour Dada à l'hôpital. » Puis demandant de sa petite voix sérieuse à son père : « On pourra la voir ? » Malheureusement non, car les enfants de moins de 15 ans sont interdits de visite. Lui et son petit frère devront attendre ma sortie pour revoir Dada. « Dada », c'est le nom que m'a donné Félix dès qu'il a commencé à parler. Non pas Papy, mais Dada… Nous n'avons jamais très bien su pourquoi, si ce n'est que c'était facile à prononcer. Cette appellation m'a évidemment fortement réjouie, car je ne me voyais pas être appelée

« Papy ». Le fait est aussi que notre petit-fils m'a connue très tôt garçon et fille. « Dada » a l'avantage d'être asexué et plutôt mignon.

Très vite, j'ai expliqué à Félix qu'il y avait « Dada garçon » et « Dada fille ». J'en avais parlé avec la psychiatre qui m'avait prise en charge en urgence après une forte envie d'« en finir » pendant nos vacances de l'été 2016 : « Il n'y aura aucun problème à l'âge de votre petit-fils. Expliquez-lui simplement que vous êtes en ce moment fille et garçon. » Et Félix n'a jamais semblé troublé. « Tiens ! Aujourd'hui, tu es Dada garçon », me lançait-il les jours où il me voyait dans mon accoutrement masculin. Mais la plupart du temps, il me voyait « Dada fille », car le week-end, j'étais femme, sauf exception due à des invitations avec des amis avant mes coming out. Depuis le 26 décembre de l'année dernière, nos deux petits-enfants ne côtoient d'ailleurs plus que « Dada fille », puisque, à cette date, j'ai donné mes vêtements masculins à des associations.

Je me dis qu'une fois sortie de l'hôpital, j'expliquerai à Félix que « Dada garçon », c'est définitivement terminé, que Dada est maintenant pour toujours une fille. Firmin, né en septembre dernier, ne m'a quasiment connue que femme et ne se posera pas cette question existentielle. Mais un jour, à l'un et à l'autre, il faudra que j'explique mon parcours de vie, les pourquoi, les comment, mes souffrances et le bonheur d'être enfin moi-même et d'avoir gagné la sérénité.

En fin d'après-midi, un moment très agréable : la visite d'Aurélien, notre fils, puis celle de Christine, ma femme, et de Tiphaine, ma filleule lilloise que nous hébergeons actuellement. Visite également de Sarra Cristofari. Mon fils fait connaissance avec cette chirurgienne, jeune, sympathique et au langage très imagé. Elle nous explique qu'en début de semaine prochaine, le pansement et la sonde pourront être retirés, et précise qu'il faut que je m'attende à une vision pas très glamour de ma partie intime, avec des fils, des hématomes et des cicatrices. Elle nous amuse en nous racontant que, dès le retrait des pansements, des patientes font des selfies. Idée étonnante, car que peut-on bien faire d'une image esthétiquement très éloignée de *L'Origine du monde* de Gustave Courbet ? La partager sur Facebook ou l'agrandir pour son salon ?

Une question me préoccupe. Le protocole médical imposait l'arrêt des œstrogènes deux semaines avant l'opération afin d'éviter tout risque de phlébite et d'embolie pulmonaire. Quand vais-je pouvoir reprendre les hormones féminines ? J'ai commencé ce traitement féminisant en juin dernier, il y a neuf mois. Ce fut un bonheur incommensurable de constater assez rapidement que de jolis petits seins commençaient à décorer ma poitrine. « Je n'ai pas envie qu'aujourd'hui, ils se dégonflent. » Pas de risque, évidemment. Mais il me faudra attendre la sortie de l'hôpital pour reprendre ces deux pressions miraculeuses d'Œstrodose, ce gel composé d'hormones que l'on étale sur les avant-bras, qui traverse la peau, passe progressivement dans le sang et contribue à notre re-naissance. En revanche, j'apprends que je peux définitivement jeter mes comprimés d'Androcur. Cela fait plus d'un an que j'ai commencé ce traitement : tous les matins, un petit comprimé de « démasculinisant ». Ce dérivé de la progestérone a une action antihormonale, donc antitestostérone. Son action la plus « spectaculaire » et la plus heureuse fut de supprimer les érections et de ralentir la pousse des poils. Un bon début pour commencer à perdre ses caractéristiques masculines…

La nuit suivante n'est toujours pas bonne. Dormir sur le dos avec la perfusion et la sonde urinaire m'est difficile : je dors habituellement dans une position quasi fœtale. Je sympathise avec l'infirmière de nuit ; nous avons le même âge et elle est d'origine espagnole. Nous parlons de son pays. Elle me dit aussi le plaisir de travailler dans ce service auprès, notamment, des transgenres, « des personnes tellement heureuses de leur opération et de leur sort ». Contrairement aux infirmières de jour qui ont accompagné les chirurgiens lorsqu'ils ont quitté l'hôpital Saint-Louis pour rejoindre le service de chirurgie plastique de l'hôpital Tenon, l'équipe de nuit était déjà en place ici et a découvert ces drôles de patientes qui, sans symptômes de maladie, subissent une opération assez douloureuse, une amputation de leur sexe, ou plutôt une reconstruction de leur sexe, pour gagner le droit au bonheur d'être enfin elles-mêmes.

6-8 ans

Ce bonheur-là m'a été inaccessible toute ma vie passée. D'où ce renfermement durant mon enfance. J'ai peu d'amis, puisque, maladivement, j'ai beaucoup de difficultés à aller vers les autres, surtout vers les garçons. À l'école primaire, l'un d'eux, Dominique, m'attire particulièrement. Il raconte beaucoup d'histoires, il est du genre calme et bosseur ; je constaterai plus tard qu'il est très isolé et, surtout, très mythomane. Moi, timide et à la personnalité peu affirmée, je gobe tout ; je suis un peu sa proie. Mais il est gentil et cela me convient.

J'ai un autre copain, Marc, discret également. Ma mère prendra contact avec la sienne afin que nous allions ensemble à la piscine trois fois par semaine pendant les vacances scolaires. Nous nous entendons bien et cela me sort de la maison. Comme ce cours de dessin du jeudi après-midi... Pour le reste, très renfermé, je ne quitte pas beaucoup la maison. Pas de sport, hormis la piscine, et pas le droit d'inviter des amis... Mon père est très strict avec cette décision ; je n'ai jamais compris pourquoi. Il faudra attendre que je sois ado et une forte insistance de ma mère auprès de lui pour que, enfin, je puisse accueillir des ami(e)s. En attendant ce moment, j'en ai si peu que cela ne me gêne finalement pas trop.

À la maison, je me réfugie dans les livres. Avec une grande librairie au rez-de-chaussée, je n'ai que l'embarras du choix. Mon père m'apprend à lire un ouvrage sans l'abîmer, notamment sans « casser » sa tranche pour que le client n'ait pas l'impression qu'il a déjà été ouvert et lu.

Oui-Oui me passionne par sa gentillesse et son optimisme. Puis, il y aura *Le Clan des 7*, *Lancelot*, *Alice*, série que je dévore alors qu'elle est destinée aux filles ; dans les années soixante, les livres sont plutôt genrés. J'aime aussi la créativité que m'offrent des jeux comme le Meccano, puis les Lego. Je suis rarement les indications de construction et préfère inventer des engins originaux, des maisons ou des bâtiments d'allure moderne. Mon grand-père, que j'aime beaucoup, m'initiera au bricolage. Un peu plus grand, je réaliserai de petits meubles de rangement. J'invente aussi des jeux de société, que je teste avec ma mère ou lorsque mes cousins lillois nous rendent visite. Le dimanche soir, j'organise des « séances de cinéma » : mon grand-père m'a donné une lanterne magique, retrouvée dans son débarras. Elle permet de projeter des saynètes qui figurent sur des plaques de verre. Nous avons remplacé la lampe à pétrole qui devait être à l'origine la source de lumière par une lampe de poche. En dessinant sur du papier-calque, je crée mes propres saynètes pour ma famille. Oh, une famille restreinte : mes parents, ma petite sœur, et mes grands-parents paternels. Mon père apprécie très moyennement la famille de ma mère, et sa sœur, son mari et mes cousins habitent à Lille.

La solitude et la « peur » des autres vont développer une imagination, une passion pour la création et l'innovation qui ne me quitteront jamais.

Pour les jeux de fille, il y a ma petite sœur Véronique, de six ans plus jeune que moi, avec qui je m'entends très bien et qui est un peu ma poupée vivante. J'avais réussi à influencer mes parents dans le choix de son prénom : une de mes copines de cours préparatoire s'appelait Véronique.

Je l'appréciais beaucoup, je la trouvais jolie et j'adorais son prénom. Il y a aussi ma voisine Chantal, dont les parents tiennent le pressing et le magasin de bricolage de la rue. Elle a un an de moins que moi, et tous les jours, mon père nous conduit en voiture à l'école, cette fameuse école mixte. À midi et le soir, c'est ma mère qui vient nous chercher. Les parents de Chantal m'invitent régulièrement à venir jouer chez eux. Jeux de société, jeux de balle dans son jardin… Je me sens bien avec elle ; nous ne sommes pas dans cette ambiance masculine du plus fort, de celui qui doit s'imposer et écraser l'autre, en le ridiculisant.

L'école primaire me fera aussi tristement apprendre le mal dont souffre mon père. J'ai 7 ans ; notre institutrice de CE2 nous explique un jour les dangers de l'alcoolisme. Alors que je ne l'ai jamais vu ivre, je comprends que mon père est une victime de l'alcool. Je me souviens encore au retour de l'école expliquer les dangers de l'alcool à mes parents lors du déjeuner. J'étais trop jeune pour pouvoir appréhender la réalité de la situation paternelle. Mais je sentais, sans trop savoir ce que c'était, une dépendance. Un verre de vin blanc au moins à la fermeture du magasin, le midi, avec l'employé et mon grand-père, un verre de vin rouge à chaque repas, de la bière dans son bureau et des arrêts au café pour une ou deux bières chaque fois que nous partions en voiture le week-end ou lors de vacances… Il en mourra à 53 ans, sans avoir connu ses petits-enfants. Quant à moi, je ne commencerai à boire de l'alcool qu'à plus de 20 ans. D'abord du champagne, grâce au père de ma femme, Christine. Il m'initiera aussi au vin blanc, que j'apprécierai progressivement, mais uniquement dans des circonstances exceptionnelles. En revanche, je ferai un rejet permanent du vin rouge et de la bière, dont je ne parviendrai jamais à supporter l'odeur. Je n'ai jamais été ivre, je n'éprouve pas de véritable plaisir à boire… Et, vu mon mal-être et la détestation de mon corps, je suis toujours dans le contrôle de ce qui pourrait m'arriver.

Vendredi :
« C'est une fille ! »

Vendredi, mon esprit est un peu moins embrumé. Comme tout bon journaliste, il m'est difficile de me passer de l'actualité. Ce matin, j'ai écouté une partie de la matinale de France Info : il est évidemment question des Gilets jaunes et du quatorzième samedi de manifestations prévues demain, et de celle des lycéens et étudiants réclamant des actions pour sauver notre planète. Dans la journée, j'essaie de me concentrer sur la version numérique du *Parisien*. Mais je ne couperai pas à une sieste, tant je me sens épuisée en début d'après-midi alors que mes activités ne sont pas vraiment débordantes.

Il est tout de même temps d'envoyer le faire-part en clin d'œil que j'ai préparé avant l'hospitalisation ; toujours ce besoin d'anticiper qui ne me quitte jamais. Pour ce faire-part, j'ai repris une photo que j'aime particulièrement, qui déclenche toujours la fameuse question : « Qui est cette jolie petite fille ? » La photo a été réalisée, lorsque je devais avoir un an ou un an et demi, par un photographe professionnel comme cela se faisait à l'époque. J'ai de longs cheveux blonds bouclés, de belles pommettes bien rebondies et une allure plutôt féminine. À droite de cette photo, j'ai placé une illustration trouvée sur Internet : sur un fond rose, le cri « C'est une fille ! ». J'ajoute ce texte : « Mercredi 13 février vers 14 heures. Naissance de la petite Béatrice. 1,62 m. 69 kg. L'accouchement a été un peu douloureux, mais l'arrivée de cette petite fille était attendue depuis tellement longtemps. Quel bonheur ! » Ce faire-part provoquera des dizaines et des dizaines de réactions bienveillantes et touchantes. Par-delà les messages de félicitations, comme pour une naissance, je suis épatée par la compréhension de ma situation : « Bravo pour ton courage, m'écrit par exemple un confrère journaliste, courage d'avoir mené et gagné ce très long combat pour que tu deviennes enfin aux yeux de tout le monde et officiellement celle que tu étais depuis toujours en toi. C'est admirable. » Ou cette autre amie journaliste : « J'admire ton courage pour devenir enfin toi-même. Tu dois te sentir tellement délivrée aujourd'hui, chère Béatrice. Je trouve ça génial de renaître et d'avoir toute la vie devant soi, une seconde fois. Je te souhaite une longue vie, heureuse, épanouie, dans ton vrai corps. » Ou cet ancien collègue de la direction de France Info lorsque j'étais secrétaire général : « Félicitations à toi. Mon ancien complice est devenu ma nouvelle copine. »

Entre deux somnolences, je remercie aussi toutes celles et ceux qui m'ont adressé des messages la veille de l'opération ou le jour même. Je suis profondément émue par le nombre incroyable de messages reçus. Et cela n'arrête pas.

Principalement depuis janvier dernier, alors que j'ai prévenu une centaine d'amis de Radio France en leur présentant mes vœux. Ils seront nombreux à relayer mon histoire auprès d'autres personnes, moins proches de moi ou aux coordonnées perdues, qui m'ont alors adressé de formidables mots de sympathie et de soutien. J'ai ainsi eu le bonheur de reprendre contact avec nombre de journalistes qui ont été mes étudiants ou que j'avais sélectionnés lors des épreuves de Radio France pour être stagiaires ou devenir remplaçants à France Info. Ou, mieux, avec celles et ceux que j'avais contribué à faire embaucher. Je reçois un grand nombre de demandes d'« amis » sur Facebook que j'accepte avec plaisir.

Certains messages me mettent la larme à l'œil. Notamment ceux de mon unique cousine, Jocelyne, plus jeune que moi, qui ne cessera de demander de mes nouvelles avec beaucoup de gentillesse en m'appelant « ma grande cousine ». Ou de Véronique, qui parle de « ma grande sœur ». Cela leur semble tellement naturel… Quelle belle reconnaissance de qui je suis ! Cinquante-cinq ans après avoir tenté d'alerter mes parents, mais d'une manière quasiment subliminale et totalement incompréhensible. Sauf pour moi.

8-14 ans

Sur la photo, un petit garçon de 8 ans, endimanché, regarde avec envie l'aube de son cousin. Ce cousin va faire sa communion solennelle vêtu d'une aube blanche. Là, sur la place devant l'église Saint-Pierre de Calais, toute la famille est réunie avant d'assister à la messe. Mais pour le petit garçon, l'acte religieux, il s'en moque. En revanche, il ne se moque pas de l'aube. Ce qui explique pourquoi, contrairement à son cousin, au père de son cousin, à la cousine de son cousin, il ne regarde pas l'objectif de l'appareil photo de son père, chargé d'immortaliser cette journée familiale et religieuse. Non, il est subjugué par cette aube, cette belle aube blanche qui ressemble à une robe de fille. Une robe-aube qu'il aimerait tant porter, comme ça, dans la rue ! Ce petit garçon de 8 ans aimerait être la fille qu'il ressent être au fond de lui-même, mais qui est enfermée dans un corps de petit garçon.

Cette photo, je la connais bien parce que ce moment où je rêvais de pouvoir « être fille » publiquement et « normalement », je ne l'ai jamais oublié malgré les années. Et je me souviens parfaitement que j'avais baissé la tête volontairement pour indiquer à mes parents ce désir profond d'être fille. Évidemment, ils n'ont rien compris, si ce n'est que je ne regardais plus l'objectif quand le petit oiseau est sorti.

Je ne me rappelais plus précisément la date de cette communion. Or, je voulais vraiment la retrouver, car je pourrais ainsi savoir à partir de quelle époque j'avais ressenti cette souffrance de ne pas être né dans le « bon » corps. C'était donc juin 1964 et j'avais 8 ans. Cette photo, avec la date que mon père a soigneusement indiquée au verso, est un marqueur important. Aujourd'hui, je peux me dire : à 8 ans, tu es déjà mal dans ta peau. Et cela a commencé plus tôt encore… Sans jamais cesser.

Autre souvenir encore bien ancré… Je dois avoir une dizaine d'années. Je ne me souviens plus des circonstances, mais je m'amuse, en compagnie de ma sœur, à enfiler des bas de notre mère. Sentiment d'extrême bonheur, jusqu'au moment où, naïvement, je me montre ainsi à mon père. Grosse colère et obligation de cesser immédiatement cette « comédie »… Cinquante ans après, je n'ai pas oublié ce « drame ». Mais, intérieurement, ces quelques minutes de « fille » furent intenses. Je me revois encore du (petit) haut de mes 10 ans avec mes jambes gainées de bas couleur chair, comme la plupart des bas des années soixante, que j'avais fixés avec un élastique sur mes cuisses sous mon short. Évidemment, notre mère était quelque peu complice, mais en n'y voyant, je pense, qu'un simple jeu rigolo de deux enfants, ma sœur, petite fille de 4 ans, et moi. En revanche, pour mon père, ce « jeu » était inconcevable s'agissant d'un garçon. S'il avait su que cette « première fois » serait suivie, un peu plus tard, de nombreuses fois…

Le collège est un grand changement. Cette fois, la mixité n'existe plus. Je me retrouve dans un univers de garçons. Je garde mes deux ou trois camarades un peu à mon image, calmes, réservés et bons élèves. Je suis en général dans les cinq premiers de la classe. En sixième et début de cinquième, avant que Mai 68 vienne tout bouleverser, les meilleurs reçoivent chaque trimestre une palme : je suis abonné aux palmes d'or et d'argent. Et à la fin de l'année, lors de la remise des prix, je reçois de nombreux livres qui récompensent les meilleurs. Mai 68 a entraîné une évolution positive et attendue de la société, mais, dans son grand élan de nivellement, ce sera la fin de ces pratiques qui permettaient de distinguer les plus travailleurs et les plus motivés. Pour quelqu'un de renfermé, d'hypersensible et qui manque de confiance en soi, c'était un moment important que celui de bénéficier d'une reconnaissance publique.

Pendant ces années collège, l'incompréhension d'être un garçon se poursuivra, évidemment. Mais restera bien cachée au fond de moi. À qui parler d'une situation que je ne comprends pas moi-même ? En souriant, je dirais que le « Bon Dieu » est le seul à qui je peux me confier dans ma prière du soir. Donc, chaque soir avant de m'endormir, je continue de prier pour devenir cette fille que j'aurais dû être. Mais les pouvoirs de Dieu me semblent bien limités… Je ne suis d'ailleurs pas totalement dupe. Toutes ces belles histoires d'enfer et de paradis me paraissent peu « réalistes ». Un aumônier avec qui je me sens suffisamment en confiance pour évoquer cette question me confirme d'ailleurs que tout cela, ce ne sont que des images, que Dieu est une incarnation du bien et du but que chacun doit se fixer pour rendre le monde meilleur. C'est la plus belle des explications religieuses que j'aurai jamais entendues. J'avais 10-12 ans et je ne l'ai jamais oubliée. Je me suis détachée de la religion, mais ce message « chrétien » restera ancré en moi. Cela dit, j'aurais quand même aimé que Dieu existe et qu'en un éclair, il me retire ce corps de garçon et m'offre celui tant rêvé de fille !

Bizarrement, la photo va m'aider à tenir. Je dois avoir 12 ou 13 ans, et je souhaite ardemment un appareil photo. Comme pour tous nos souhaits, la réponse de mon père est un brutal et indiscutable non. Est-ce une conséquence de la guerre et des terribles restrictions dont il a souffert en habitant une zone interdite par les Allemands ? Toujours est-il que toute dépense autre que strictement nécessaire est le plus souvent considérée comme sans intérêt. Et, d'une manière générale, toute demande essuie systématiquement une réponse négative. Il faut alors discuter, multiplier les arguments, revenir pendant des jours sur la question pour… rien. Notre mère entre ensuite dans le jeu. La plupart du temps, cela ne marche pas mieux. Elle tente alors de contourner l'obstacle. Ce fut le cas pour mon premier appareil photo. Sa sœur célibataire, ma tante, possède un appareil qu'elle n'utilise quasiment jamais. Elle réussit à la convaincre de me l'offrir à l'occasion d'un anniversaire.

L'appareil Agfa n'est pas vraiment performant, mais il me permet d'assouvir le début d'une passion qui jamais ne m'a quittée. Une fois encore, c'est mon grand-père qui m'initie. Il m'apprend toutes les notions de base de la photographie. Surtout, il me donne un très vieil appareil à soufflet, que je bricole et transforme avec lui en agrandisseur rudimentaire. Et je vais ainsi commencer à apprendre à tirer mes photos sur papier. Je récupère des récipients rectangulaires, achète avec quelques économies des produits de développement. Mes grands-parents possèdent dans leur maison voisine de la nôtre une petite pièce qu'ils me proposent de transformer en labo photo. Une fois obscurcie avec des cartons posés sur les fenêtres, c'est un lieu très pratique pour le développement et l'agrandissement des photos. Mais pas seulement...

À l'époque, le processus est exigeant : il faut un environnement parfaitement obscur, faiblement éclairé par une ampoule inactinique. Je dois donc m'enfermer, et fais bien passer le message auprès de ma famille : il est impossible de me déranger pendant les séances de développement. De plus, le labo a l'avantage d'être à l'étage des chambres chez mes grands-parents, donc dans un endroit où *a priori* personne ne s'aventure dans la journée.

Cet isolement au profit de la photo est aussi celui de ma vie « cachée » de fille. Comme je suis sûr de ne pas être dérangé, j'emporte discrètement un soutien-gorge de ma mère et un collant. Bien sûr, le soutien-gorge est un peu grand pour mon corps de 13-14 ans, mais avec des astuces pour le raccourcir et avec des chiffons pour le « remplissage », cela fait une poitrine qui me satisfait. Pour la jupe, je dois me contenter d'une couverture de lit d'enfant trouvée dans les stocks de mes grands-parents. Avec une ceinture, cela fait l'affaire. Ce n'est pas très sexy, mais que je me sens terriblement bien ! Je suis fille pendant ces longs moments que je passe dans cette petite pièce.

Je suis persuadée que ce labo photo m'a permis de « tenir ». Dans une famille où on ne partage pas beaucoup ses sentiments, à qui pourrai-je parler de cette chose bizarre ? Je suis un garçon, mais je ne le supporte pas. Je me sens fille, je me rêve fille, je me veux fille, mais tout cela semble bien vain. Je dois être le seul à qui cela arrive. Si j'en parle, tout le monde se moquera de moi. Ma timidité me renferme déjà suffisamment sur moi-même, je ne me vois pas en train d'accroître plus encore mon isolement. À moins que ma timidité soit la résultante de cette souffrance ancrée depuis longtemps en moi... Comment le saurai-je ? Ma mère aurait pu être ma confidente. Mais je pense qu'inconsciemment, je ne voulais pas lui poser de problèmes.

Premiers pas et présentation du clitoris

Ce troisième jour après l'opération sera une belle journée pour deux raisons. La première, la visite dans l'après-midi de notre fille, Élodie. Elle apporte d'excellents cookies au caramel, au chocolat noir, au chocolat blanc… Ce qui me manque énormément depuis mon arrivée à l'hôpital est le thé de 16 h 30. Une tradition bien ancrée : dans tous les bureaux que j'ai occupés à Radio France, il y avait une bouilloire électrique et du thé vert pour ce moment privilégié. Elle va nous en chercher à la cafétéria. Hum, quel plaisir de partager avec ma fille cookies et thé à la mangue…

Un plaisir ne venant jamais seul, l'infirmière m'annonce que je peux enfin quitter mon lit pour m'asseoir dans le fauteuil. Je ne pensais pas qu'il s'agissait d'une opération à haut risque, mais je n'ai pas posé un pied sur le sol depuis trois jours. L'infirmière décompose tous les mouvements, et cela tient du premier pas de l'homme sur la Lune ! D'abord, se tourner et s'asseoir sur le bord du lit. Décaler la sonde urinaire et son réceptacle. Puis poser les pieds au sol. Ne pas baisser les yeux, avoir le regard bien droit et se relever. Il n'y a qu'un petit pas à faire pour gagner le fauteuil. Mais quel grand pas ! Pour moi. Pour l'humanité, je ne sais pas... Comme m'avait prévenue la chirurgienne, les deux positions postopératoires idéales sont les positions allongée et debout. En m'asseyant, je ressens une douleur profonde entre les fesses ; elle s'estompe lorsque l'infirmière incline le dossier du fauteuil. En tout cas, il est plus agréable de prendre le thé sur un fauteuil que dans un lit. Élodie propose de tourner une petite vidéo pour mes petits-enfants qui n'ont malheureusement pas le droit de pénétrer à l'hôpital. « Voici la chambre de Dada. C'est ma chambre à l'hôpital. Je pense beaucoup à vous. Un grand merci pour la vidéo que vous m'avez envoyée mercredi. Elle m'a fait énormément plaisir. Je vous fais plein de bisous et on se revoit rapidement. Vous me manquez. »

Dimanche, l'infirmière est porteuse, comme la veille, d'une bonne nouvelle : elle m'autorise à marcher. « Mais ne faites pas tous les couloirs », précise-t-elle.

Le lendemain, cela fait cinq jours que j'ai été opérée et ce début de semaine annonce de « grands » moments et une forme de liberté retrouvée. Ce matin, je peux faire ma toilette seule dans la salle de bains ; pas encore de douche à cause de la sonde urinaire. Onze heures sonnent le meilleur moment de la journée. L'infirmière vient retirer une partie des pansements. Première vision idyllique : l'objet de tous mes ressentiments a vraiment disparu. Plus rien ne pend entre les cuisses. Sans entrer dans tous les détails, c'est en « vidant » et en inversant le pénis que l'opération de réassignation (pas très glamour, cette appellation !) crée un néovagin. L'infirmière me présente mes grandes lèvres et mon clitoris. L'émotion me saisit… Quel bonheur ! Pour le vagin, il faudra attendre demain le retrait des pansements par la chirurgienne. Seconde vision moins idyllique : tout cela ressemble à un vrai champ de bataille. Des ecchymoses joliment colorées, des cicatrices et des fils… Puis, je suis libérée de la sonde urinaire. « Maintenant, vous pouvez vous habiller normalement. Je pense que vous serez nettement mieux », lance l'infirmière en souriant. Je retire avec plaisir l'« uniforme » hospitalier, cette chemise informe, mais pratique, qui se ferme dans le dos. Dans la penderie, m'attend le pantalon gris clair, que je trouve plutôt élégant, avec lequel je suis venue mardi dernier. Je peux enfin remettre un soutien-gorge couvert d'un léger pull rose. Un grand sentiment de retour à la vie « normale »…

Un chaud soleil, étonnant en ce mois de février, a envahi la France depuis plusieurs jours : les températures atteignent les 18 ° C à Paris. Et ma chambre est orientée plein sud… J'entends bien pouvoir en profiter en aménageant un petit solarium. Le fauteuil est donc déplacé au pied de la grande fenêtre avec la chaise pour y allonger mes jambes ; me voici confortablement installée pour une super séance de luminothérapie naturelle. Je ferai d'ailleurs une bonne sieste réparatrice et ensoleillée après le repas.

Dans cette position bien agréable, je vais lire et répondre aux dizaines de messages reçus à la suite de l'envoi de mon faire-part de (nouvelle) naissance. « Que les vents te soient porteurs et les plus doux possible » ; « Bienvenue Béatrice. Tous mes vœux de bonheur et d'épanouissement ! » ; « Je suis tellement heureuse pour toi », etc. Cette fois encore, le bouche-à-oreille continue de fonctionner chez mes amis journalistes. Les plus jeunes que j'avais aidés à débuter sont heureux de me retrouver et m'adressent des mots très touchants : « Ce que tu as fait est magnifique et je suis vraiment heureuse pour toi. C'est tellement important d'être soi-même. Et courageux dans ton cas. Toi qui as aidé tant d'entre nous à se construire… » ; « Je t'embrasse bien fort dans cette nouvelle vie. Toi qui m'as ouvert les portes de France Info. Je n'oublie pas ce que tu as fait pour moi »… Ah, les hormones, de petites larmes coulent sur mon visage. Sibyle Veil, la présidente de Radio France, que j'avais tenue au courant de ma situation, m'a également adressé un message : « Chère Béatrice, je me réjouis que cette nouvelle naissance se soit bien passée. Je serai heureuse de te revoir en mars. »

L'après-midi, c'est « atelier conformateur » avec une infirmière. « Dès que le pansement du vagin aura été retiré demain, il faudra que vous y placiez un conformateur pour que sa cavité se forme normalement et que les peaux, par un phénomène naturel, ne se soudent pas. » Je vais découvrir qu'un conformateur est tout ce qu'il y a de plus archaïque. Il faut prendre six compresses (le nombre augmentera au fil des semaines), les décaler les unes par rapport aux autres et les enrouler sur elles-mêmes, avant de les enfermer dans un préservatif que l'on noue. Le plus dur est d'éliminer l'air contenu dans celui-ci. Puis on fait un nœud. L'« atelier » est bien utile, car je rate mes deux premiers conformateurs, dans lesquels il reste de l'air. Au troisième, j'ai les félicitations de l'infirmière. Elle m'explique qu'il faudra ensuite l'enduire de vaseline avant de le placer dans le vagin.

Je sais que ce mardi va encore être une journée forte en émotions. Voici Sarra Cristofari, la chirurgienne. Elle débarrasse la cavité vaginale de tous les pansements encore en place. Elle estime que les cicatrices sont « belles ». Sans miroir, je ne vois rien, mais elle me propose de toucher avec la main l'entrée du vagin. Je le fais avec une certaine appréhension. Autour, on sent des cicatrices, des fils. Puis vient l'épreuve du conformateur. L'infirmière a fabriqué le premier. Elle l'enduit de vaseline et me le tend. « Attention de ne pas vous tromper d'entrée », lâche en riant Sarra Cristofari. En effet, il faut retrouver le vagin rien qu'au toucher. J'avoue que je ne suis pas très à l'aise. L'infirmière me guide. Finalement, c'est en place. Une opération qu'il faudra renouveler quatre fois par jour. Bouh…

Désormais, sans pansements, je peux enfin prendre une douche et… regarder dans le miroir de la salle de bains l'intégralité de la femme que je suis enfin totalement. Mais l'émotion est tellement forte que tout se met à tourner autour de moi. Je trouve refuge sur la chaise judicieusement placée à côté de la douche. Je repense à toutes ces années où j'ai rêvé d'être celle que je suis enfin. Quand, enfant, je priais pour ne plus être un garçon, mais une fille… Le miracle n'est pas venu de Dieu, mais d'une super-chirurgienne.

Quand les murs de la salle de bains se sont stabilisés, ou plutôt que l'oreille interne me redonne la notion de l'équilibre, je regagne le lit à petits pas en soufflant pour évacuer cette émotion forte, mais infiniment réjouissante. Comme souvent en ce qui me concerne, un doute important me saisit : suis-je vraiment totalement femme ? En définitive, suis-je légitime ? Je n'ai plus de pénis, j'ai un vagin, un clitoris, mais pas d'utérus. J'ai toujours une prostate… Ce qui est sûr, c'est qu'aujourd'hui, mon corps me plaît enfin. J'ai toujours admiré et envié la beauté et la grâce du corps féminin. Pas de protubérance disgracieuse qui rompt l'harmonie corporelle… Oui, mais la question revient : je n'ai pas tous les composants féminins, donc, suis-je vraiment femme ? Je sais, j'ai un don particulier pour douter de moi. Et là, cette question me fait très mal. Pourtant, je ne pourrai aller plus loin pour être femme. En réalité, ce qui me gêne, ce que je supporte avec difficulté, c'est l'appellation, l'« étiquette » transgenre. Je déteste ce terme, qui, il est vrai, a signifié une réalité. Mais aujourd'hui, je ne suis plus en transition, je ne suis plus « trans ». Je veux tirer un trait sur cette vie masculine que j'ai dû endurer pendant des décennies, sur ce corps qui m'a tant fait souffrir psychologiquement. Alors, oui, je suis une femme. Dans ma tête, et certainement dans beaucoup de mes comportements, j'ai toujours été une femme. Et grâce à la médecine, j'ai gagné le corps féminin tant espéré.

L'après-midi, une amie en visite m'apportera une grande aide à ma réflexion. Bientôt quarantenaire, mère de deux enfants, elle me confie qu'elle a de fortes probabilités de développer un cancer de l'utérus. Par précaution, elle va donc se faire opérer pour un retrait complet de l'appareil génital. « Tu vois, me dit-elle, je serai finalement comme toi sans utérus et pourtant femme. Être femme, c'est dans la tête, pas dans les organes. » Évidemment, j'ai toujours été dans cet état d'esprit, puisque j'ai toujours considéré être femme, même si la nature s'est trompée d'« emballage ». Une fois encore, je constate que mes questions et mes doutes viennent de la crainte des autres, de remarques qui pourraient me blesser ou me démolir en remettant en cause ce que je suis. Comme ne cesse de le répéter ma femme : « Vis l'instant présent… » J'ai du mal avec ce judicieux précepte, je suis toujours dans l'anticipation, je déteste ne pas avoir prévu une situation… « Vis l'instant présent. » Christine a raison. Il est tellement merveilleux.

La nuit sera difficile. Je constate des pertes de sang sur le protège-slip, mais aussi un liquide jaunâtre. Je ne peux m'empêcher de penser à mes parents, décédés à un an d'intervalle à l'hôpital. J'avais autour de 27 ans. Maman est morte d'une maladie nosocomiale. L'infirmière me rassure : tout cela est normal. Et, très facétieuse : « Vous voyez, ce sont vos premières règles ! »

Je parviens à m'endormir en me disant que dès que j'aurai regagné assez de forces pour me déplacer, j'irai présenter Béatrice à mes parents enterrés à Calais. Je sais que ma mère, qui m'a tellement aimée et aidée dans mon mal-être d'enfance et d'adolescence, m'aurait soutenue avec une bienveillance extraordinaire. Pour mon père, cela aurait été plus difficile, lui qui avait des idées très arrêtées et assez traditionnelles. Lui qui fut notre « Monsieur non » sans grande tendresse. Mais lui dont la tolérance avait évolué au fil des ans face aux avancées de la société…

14-19 ans

J'entre au lycée et retrouve la mixité. L'« avantage » du lycée, c'est qu'il y a beaucoup de devoirs. Le dimanche après-midi, j'ai ainsi le bon prétexte de ne plus accompagner mes parents et ma petite sœur lors de la traditionnelle sortie dominicale : se rendre dans la vieille maison en torchis de notre arrière-grand-père, décédé depuis longtemps, à une trentaine de kilomètres de Calais. Je n'en peux plus de cette maison pleine d'araignées, de poussière, où je m'ennuie profondément pendant que mes parents entretiennent le jardin. Ma mère m'incite à créer mon petit espace de jardinage et j'aménage une « colline » de terre sur laquelle je plante les fleurs que ma mère m'achète. Je sème aussi de petites graines et attends semaine après semaine la sortie de terre des plantes. Mais ce n'est pas vraiment un plaisir, même si j'aime beaucoup les fleurs...

J'ai donc enfin trouvé une bonne excuse pour ne plus aller avec mes parents dans ce jardin de l'ennui. Avec une arrière-pensée bien évidente : me retrouver seul dans la maison et être fille le temps d'un après-midi. Et la maison m'offre plus d'espace que mon petit labo photo.

Une fois mes parents et ma sœur partis, hop, me voici fille ! Je fonce vers l'armoire de ma mère, prends un soutien-gorge, une paire de collants et enfile une jupe ou une robe. Une ceinture me permet de les raccourcir. Un peu de rouge à lèvres, et c'est dans le bonheur d'être moi-même que j'effectue mes devoirs...

Heureusement, les horaires de la sortie dominicale sont invariablement les mêmes. En fin d'après-midi, telle Cendrillon à minuit, je dois quitter mes habits de « princesse » pour redevenir garçon. Je range tous les vêtements empruntés à ma mère le plus soigneusement possible, afin, évidemment, de ne pas faire remarquer la moindre de mes pratiques « bizarres ».

La peur d'être découvert tient forcément à la sévérité de mon père. Une sévérité et une intransigeance qui confinent parfois à l'absurdité. Combien de films ai-je vus sans en connaître la fin ! Notre père a toujours refusé d'acheter un téléviseur. Mais il m'autorise à aller voir certaines émissions le soir chez nos grands-parents paternels. Par exemple, j'aime beaucoup les films présentés dans le cadre des « Dossiers de l'écran », cette formidable émission d'Armand Jammot. Mais voilà, obligation d'être couché à 22 heures, heure à laquelle aucune diffusion de film n'est achevée. Je lui explique évidemment ma frustration, mais il me faudra attendre mes 15 ans pour être enfin autorisé à dépasser cet horaire fatidique et découvrir des œuvres cinématographiques et des émissions dans leur intégralité.

Son éducation doit forcément y être pour quelque chose. Sa mère, femme de caractère, n'est pas d'une tendresse forcenée.

Pendant la Seconde Guerre mondiale, elle doit se débrouiller seule au magasin, mon grand-père ayant été fait prisonnier par les Allemands après avoir participé à l'opération Dynamo. Je n'ai jamais su pourquoi mes grands-parents ne s'entendaient pas du tout ; elle le critiquait en permanence et mon père, lui aussi, semblait peu proche du sien. En revanche, j'ai toujours eu l'impression d'être le petit-fils préféré de mon grand-père. Nous étions bien ensemble ; lorsque j'étais petit, il était heureux de m'emmener à la foire faire des tours de manège. Il aimait aussi beaucoup m'apprendre à bricoler ou à pratiquer la photographie.

Un peu plus tard, il m'initie à la radio ; non pas à parler dans un micro, mais à recevoir les ondes. Nous installons un long câble en cuivre entre ma chambre située au second étage et la cour de l'immeuble. Il m'achète un transistor (le composant électronique), un circuit intégré et quelques autres éléments. Il me fournit un plan, m'apprend à souder et je construis un petit récepteur. Casque sur les oreilles, je prends beaucoup de plaisir à tenter de capter diverses émissions radio. La réception n'est pas toujours parfaite ni facile. Mais je parviens à écouter les échanges radio des policiers de Calais ; à l'époque, le cryptage n'existe pas.

Toujours avec mon grand-père, j'apprends à fabriquer des haut-parleurs. Déjà passionné par la radio, j'imagine offrir un programme musical à ma mère et ma sœur. Je bidouille un électrophone pour en faire sortir un câble que je fais descendre de ma chambre jusqu'au salon situé à l'étage inférieur. Je relie également mon magnétophone « minicassette ». Dans le salon, j'installe un haut-parleur et, chaque midi, de retour du collège, je propose un programme musical à partir de mes 45 ou 33 tours et de mes cassettes. Je construis une espèce de « table de mixage » avec deux simples boutons pour basculer de l'électrophone au magnétophone.

Quelques années plus tard, mon cher grand-père m'offrira les cours pour l'obtention du permis de conduire et mon tout premier rasoir électrique...

J'ai 23 ans lorsqu'il décède ; quand j'apprends sa mort, je suis alors militaire, je fonds en larmes. Il m'a beaucoup aidé à sortir de mon enfermement. Lui qui était rejeté par sa femme et son fils qui lui adressaient très peu la parole aimait discuter avec moi, le grand timide ; il m'interrogeait sur l'école, mes dessins, mes photos, mes envies, et moi, j'aimais le faire parler de sa jeunesse, de la guerre et ses souffrances, ou encore de l'histoire de notre famille et de notre ville... Mais jamais je n'ai eu la force de lui parler de mon mal-être.

Ce « fardeau » d'un mauvais corps me pesait pourtant énormément. J'étais submergé de questions, mais incapable d'obtenir la moindre réponse. Aucun livre n'abordait ce type de « problème ». Pourquoi étais-je si éloigné des critères du genre masculin, sans pour autant être efféminé ? Je rêvais tellement d'être toutes les filles qui m'entouraient. Aujourd'hui, grâce à Internet, on peut avoir quasiment instantanément toutes les réponses à ses questions.

Je n'ai d'ailleurs commencé à véritablement comprendre le mal dont je souffre qu'à l'arrivée d'Internet. Les médecins appellent cela la « dysphorie de genre ». J'ai pu me rendre compte que je n'étais pas seul (même si je m'en doutais un peu !) et commencer à l'évoquer avec ma femme, cinquante ans après mes premiers ressentis... mais nous en reparlerons. J'ai aussi appris que cette « erreur de conception » entraînait beaucoup de suicides. J'y ai songé plusieurs fois. Quand la souffrance d'être dans ce mauvais corps se faisait insoutenable et que des circonstances me rendaient encore plus malheureux... Mais, à chaque fois, le courage me manquait... À moins que ce ne soit de multiplier les activités qui ait contribué à me sauver ?

L'adolescence et le lycée m'ont progressivement sorti de cet enfermement. En seconde, je suis le plus jeune de ma classe, avec des camarades parfois plus âgés de deux ans. Mais contrairement à auparavant, ils « m'adoptent ». J'ai 14 ans, eux 16. Je m'entends vraiment très bien avec eux, principalement avec deux qui sont musiciens. L'un est batteur, l'autre trompettiste. Tous deux jouent dans des orchestres. José, le batteur du groupe de musique religieuse moderne Joie et Rythme, m'invite à assister à une représentation lors de la messe de minuit, où nous allons, ma mère, ma sœur et moi ce 24 décembre 1970, sans mon père, peu attiré par ce type de messe « moderne ». Cette célébration de la naissance du Christ sera une révélation. Non sur le plan religieux, mais sur le plan musical. Je découvre de près un orchestre et me sens très attiré par la batterie. Cet instrument encombrant et bruyant va me sortir de mon isolement…

Mes deux nouveaux amis vont réellement jouer un rôle de grands frères et m'initier à la batterie. Peu après, je prendrai la place de José, accueilli dans un autre orchestre. Et ce sera parti pour les concerts, les animations, les disques… La musique m'ouvre aux autres et m'aide à combattre ma timidité et mon mal-être.

Au lycée, mon esprit féminin continue de me poser des problèmes, notamment en cours d'éducation physique où les sports collectifs priment. Quand c'est foot, je fais le minimum syndical, et suis d'ailleurs vite rejeté à cause de mon manque d'efforts et de passion. Le volley me plaît plutôt. La voile également. Mais la session annoncée de plusieurs semaines d'initiation à la boxe, c'est trop. À présent, je suis capable de m'affirmer, même face à un enseignant. S'engage une discussion avec notre professeur d'éducation physique et un argument qui me semble imparable : « Oui, je refuse de porter des coups à mes camarades. Philosophiquement, je refuse de mettre des gants de boxe. » Finalement dispensé de sport pendant cette session, je ne suis pas peu fier d'avoir réussi à défendre mes principes !

À cette période, des amis me sollicitent pour les aider auprès des personnes âgées de l'hospice de la ville. Un bâtiment d'un autre temps où l'on entasse les « vieux » dans des salles communes sans aucune intimité. Nous organisons des sorties, souvent difficiles du fait de leurs lourds handicaps, mais nous sommes un groupe assez nombreux de lycéens et d'étudiants entourés par une équipe soignante très dévouée. Je prends de plus en plus d'assurance et ma passion de l'organisation me fait multiplier les initiatives : projections de films, kermesse annuelle pour assurer en grande partie notre budget, week-ends à la mer dans un ancien hôtel de Wissant prêté par l'association des Petits Frères des pauvres, etc. À tel point que je serai élu vice-président de l'association qui gère les activités de loisirs de l'hospice. Le président est le médecin de l'établissement, mais il me laissera libre dans l'organisation et sera surtout notre caution « officielle ».

Mes années lycée sont une véritable ouverture sur la vie qui m'évite certainement d'y mettre fin. Je suis dans une hyperactivité débridée ; elle me permet réellement de survivre. Je parviendrai même en terminale à me faire élire chef de classe à une forte majorité. Impensable il y a encore deux ou trois ans...

Mais je continue de souffrir. Je me rêve fille, je me sens bien le dimanche après-midi quand j'enfile une robe, des bas, un soutien-gorge et mets du rouge à lèvres. Un jour, la peur au ventre mais avec beaucoup de détermination, je me lancerai dans une sortie « en fille »... Je devais être en première ou en terminale ; c'était l'été. Je suis parti sur mon Solex à la plage, dans un secteur de dunes peu fréquenté. Sous un pantalon léger, j'avais enfilé un collant de maman et un bermuda de ma sœur (un peu juste, car elle était plus jeune) et mis un soutien-gorge sous un polo. Sur place, j'ai retiré mon pantalon, ajouté deux chaussettes roulées dans le soutien-gorge pour former des seins et me suis ainsi promené seul « en fille ». Un petit moment de bonheur... Et une première sortie féminine.

Mais l'adolescence, c'est aussi l'attirance sentimentale. Je me garde de parler d'attirance sexuelle. Ma timidité ne va pas m'aider, en plus de cette incompréhension d'être garçon. Pourtant, les garçons ne m'attirent absolument pas. Psychologiquement, je suis complètement perdu. Impossible d'en parler à qui que ce soit. Et comment se renseigner ? Internet avec ses milliards d'informations n'existe pas. Je n'imagine même pas que d'autres que moi puissent ressentir ces souffrances d'être né dans le mauvais corps.

Ma vie sentimentale sera une « catastrophe ». Alors que je suis entouré d'une multitude d'amies avec qui j'aime profondément discuter, faire des randonnées, pique-niquer, etc., je n'aurai guère qu'une petite amie en terminale. Mais l'expérience sera de courte durée : elle habite à une centaine de kilomètres. Elle est la cousine d'une de mes voisines. À la sortie d'un de nos concerts à l'église Notre-Dame de Calais, nous partons dans la nuit nous promener à la plage avec un groupe d'amis. Au bout de la jetée, au pied du phare vert de l'entrée du port, nous nous embrassons. Nous nous verrons finalement peu et elle mettra fin à notre relation. J'en sortirai meurtri, encore moins sûr de moi et très déprimé. Heureusement, une fois encore, la multiplication des activités et des engagements me permettra de surmonter ce passage difficile.

Les plus beaux jours de ma vie

Mercredi, je suis encore loin d'être hyperactive dans ma chambre de l'hôpital Tenon. Il y a juste une semaine que le « miracle » s'est produit. L'esprit de moins en moins embrumé, je m'ennuie de plus en plus. Après les contrôles médicaux, le petit déjeuner et la douche, ce sera sortie... Je pars à la découverte du sixième étage et de ses longs couloirs. En plusieurs endroits, les larges fenêtres donnent sur les rues voisines. Cela fait du bien de voir du mouvement, les passants, les voitures et les camions.

Retour dans la chambre. Je n'ai pas fait des kilomètres, mais je suis fatiguée. Mon petit solarium m'attend. Aujourd'hui encore, comme disent les animateurs météo à la radio, « le printemps continue avec des températures inégalées pour un mois de février ». Je branche le casque audio sur l'iPhone et c'est parti pour me réchauffer le corps sur la musique d'un de mes groupes New Age préférés, le groupe allemand peu connu Globus. Les yeux fermés, je vis l'instant présent.

L'après-midi, pour la deuxième fois de la journée, il faut changer le fameux conformateur. C'est encore avec une certaine appréhension que je l'introduis dans le vagin. Se produit alors une giclée de sang qui colore de grosses gouttes écarlates le carrelage de la salle de bains. De nouveau, le sol se dérobe sous moi. La chaise en plastique est toujours là pour m'éviter d'atterrir par terre. Je parviens à tirer sur le fil de l'alarme. Je panique. Très rapidement, l'infirmière arrive. Elle m'accompagne jusqu'au lit, me donne des conseils de respiration et, surtout, me rassure. La zone opérée est très irriguée par les vaisseaux sanguins et, pendant la cicatrisation, il n'est pas anormal ni inquiétant d'avoir des pertes de sang. C'est sûr, mais j'ai du mal à m'y faire. Je reste allongée sur le lit. L'infirmière m'aide à me nettoyer et à introduire le conformateur. Je finirai d'ailleurs par l'adopter et, très affectueusement, par le surnommer « ma petite souris ». Il en a vraiment l'allure : un corps de compresses dans un préservatif dont une extrémité forme un museau et l'autre une longue queue… Cela me fait penser à mon beau-père que j'ai tant aimé et admiré, professeur de médecine, chef du service endocrinologie au CHU de Lille. Il avait beaucoup d'humour et quand, petite, notre fille était quelque peu excitée, il lui demandait : « Tu n'aurais pas une souris dans ta culotte ? » Moi, c'est sûr, j'en ai bien une, utile pour les suites opératoires.

Mon angoisse et mes palpitations cardiaques ont cessé quand Christine me rend visite dans l'après-midi. Nous allons à la cafétéria, cela me changera des couloirs du service de chirurgie. Devant un thé, nous parlons de nos petits-enfants, avec l'espoir, pour moi, de les revoir enfin dimanche.

Ils me manquent énormément. Je ne peux m'empêcher d'évoquer à nouveau tout le bonheur qui m'envahit depuis l'opération. J'ai eu le temps ces derniers jours de me souvenir des « plus beaux jours de ma vie ». J'en ai compté cinq. D'abord, ma rencontre avec Christine, la femme de ma vie, celle avec qui j'ai pu construire une superbe vie familiale et qui m'a soutenue dans ma vie professionnelle, m'aidant, sans le savoir, à contrer le mal-être qui me rongeait.

Puis, ce fut mon diplôme de l'École supérieure de journalisme de Lille (ESJ-Lille), l'une des plus prestigieuses, au concours d'entrée très sélectif. Je validais un de mes rêves d'enfance pour ce que j'ai toujours considéré comme l'un des plus beaux métiers du monde, celui qui raconte la vie des gens, qui raconte le monde et la société qui nous entoure, qui permet aux citoyens d'être libres, responsables, d'être tolérants, ouverts sur les autres et de se forger une opinion en leur offrant des informations fiables, vérifiées et multiples.

Le troisième plus beau jour de ma vie est double avec la naissance de nos deux enfants, Élodie et Aurélien. Des naissances et des grossesses que j'ai vraiment vécues par procuration. J'aurais tellement voulu porter nos enfants et leur donner la vie. Je pense avoir été un futur papa très attentionné, tant j'admirais Christine future maman et tant j'aurais aimé être à sa place. Même si les deux accouchements ont dû s'opérer par césarienne. Pour Élodie, il a fallu une anesthésie générale. J'ai eu alors le grand bonheur d'être le premier à accueillir notre fille, à la prendre dans mes bras et à suivre les premiers soins. Pour Aurélien, la péridurale fut efficace et nous avons partagé ensemble la joie de l'arrivée de notre fils.

Le quatrième plus beau jour de ma vie est lui aussi double et porteur de vie. Ce sont évidemment les naissances de nos deux petits-enfants, Félix et Firmin. Ils ont redonné un élan à notre vie.

Le cinquième est facile à deviner : ma nouvelle naissance le 13 février 2019.

En ce jeudi, une seule question me préoccupe : vais-je pouvoir quitter l'hôpital demain ? L'interne, les infirmières, tous ont droit à cette question dès qu'ils me rendent visite. Pour l'interne, il faut attendre la décision de la chirurgienne. Pour les infirmières, tous les voyants médicaux sont au vert : je suis autonome et réalise mes soins avec application, dont la fabrication et l'introduction de la « petite souris ». Peu après, Sarra Cristofari confirme. Il m'est évidemment rappelé que je suis en convalescence pour une longue durée (deux à trois mois) avec des soins permanents, et contraignants, que je dois me ménager afin que la cicatrisation se poursuive normalement.

Vendredi matin, je salue l'efficacité de l'équipe médicale. Avant 8 heures, l'interne vient m'apporter les premiers papiers pour la sortie, suivi de l'assistante de Sarra Cristofari et de l'infirmière. Ordonnance renouvelable pour trois mois avec les produits pour les soins quotidiens, rendez-vous dans quatre jours pour les premiers soins infirmiers, fiches de sortie et, surtout, les comptes rendus opératoires. Dernier petit déjeuner hospitalier plutôt complet, puis une bonne douche, sans oublier une « petite souris » à installer. Et une petite touche de maquillage sur un visage marqué par la fatigue…

En attendant Christine, j'ai tout le temps de me plonger dans les comptes rendus opératoires. Sur trois pages, je découvre dans le détail la chronologie d'une opération vraiment complexe qui a duré près de trois heures avec une multitude de gestes chirurgicaux. Le certificat opératoire résume la « situation » : « Au terme d'une période d'observation de plusieurs années, menée conjointement par le Dr B. Cordier, médecin psychiatre, le Dr Catherine Brémont, endocrinologue, et moi-même (Dr S. Cristofari), un diagnostic de transsexualisme masculin a été posé chez cette personne. Après information du conseil de l'Ordre et après demande d'entente préalable auprès de Monsieur le médecin-conseil national de la Sécurité sociale, une intervention de transformation génitale a été réalisée à l'hôpital Tenon. De nature irréversible, elle a comporté l'ablation des deux testicules, l'ablation des corps caverneux et du bulbe du corps spongieux, la création d'une cavité vaginale tapissée par la peau de la verge, la création d'un néoclitoris vascularisé et sensible, d'un méat urétral, de grandes et de petites lèvres. »

Intérieurement, je redis bravo à cette équipe extraordinaire de médecins du service public qui nous offre cette transition, puis cette reconstruction dans le « bon » corps. Elle réalise un véritable miracle en nous remettant sur les bons rails de notre vie et dans le bon corps. Ici, à l'hôpital Tenon, j'ai bénéficié des immenses compétences d'une jeune chirurgienne passionnée, qui a effectué plusieurs séjours à l'étranger pour continuer à se perfectionner et à acquérir des expériences différentes. Pour mon premier rendez-vous en chirurgie plastique, en novembre dernier, j'avais rencontré son patron, chef du service, le Pr Marc Revol, pour m'expliquer les détails de l'opération et en fixer la date. Il m'avait alors annoncé qu'il partait à la retraite et que son service allait quitter l'hôpital Saint-Louis, où je m'étais rendu, pour l'hôpital Tenon. « Vous serez opérée par le Dr Cristofari, une jeune chirurgienne, qui est devenue meilleure que moi », avait-il lancé en souriant. Je ne sais pas si elle est meilleure que son professeur, mais ce qui est sûr, c'est qu'elle est excellente, compétente, très abordable et d'une extrême gentillesse, comme l'ensemble du service.

Je suis toujours étonnée quand j'apprends que certains ou certaines préfèrent se faire opérer à l'étranger, notamment en Thaïlande, et régler des coûts exorbitants. « Les chirurgiens français sont moins bons », entend-on ou lit-on ici et là. Comment peut-on lancer de telles affirmations sans la moindre preuve ? Sur quoi s'appuient les détracteurs des médecins français pour les insulter de la sorte ? Toutes ces infox polluent les réseaux sociaux et influencent nombre de personnes qui ne prennent pas la peine de vérifier. Sur un blog consacré au genre, et plus spécialement « aux identités trans non binaires et binaires », on peut lire ces énormités : « Il faut, selon les protocoles, ne pas être marié(e), avoir plus de 23 ans, ne pas avoir d'enfant mineur, ne pas avoir le VIH ou l'hépatite C, être hétérosexuel(le) dans "son genre d'arrivée après transition". Parfois, on demande à la personne trans de passer un test de "vie réelle", c'est-à-dire de vivre en tant que son genre ressenti sans aucune transition médicale pendant une à plusieurs années – ce qui évidemment est très dangereux, en plus d'être cruel. » Le site tempère quelque peu avec cette phrase : « Il semblerait que les pratiques aient évolué et ne soient plus aussi rigides », à laquelle il ajoute cette parenthèse : « Tout complément est d'ailleurs le bienvenu sur le sujet ». Mais l'article n'a pas été actualisé depuis février 2018, et tout cela reste en effet de l'histoire très ancienne. Depuis longtemps, ces restrictions pour commencer une transition n'existent plus. Alors pourquoi maintenir ces assertions, si ce n'est pour nuire à la situation actuelle, très bienveillante à l'égard de ceux qui souffrent de dysphorie de genre ?

On peut d'ailleurs également lire : « Cependant, des témoignages inquiétants font encore état de transphobie au sein des équipes hospitalières, de dosages inadaptés ou dangereux d'hormones, de désinformation concernant les effets d'une transition hormonale. » Évidemment, ces « témoignages » ne sont pas évoqués et peuvent être assimilés à des rumeurs malveillantes. Pour ma part, je n'ai jamais ressenti la moindre transphobie dans l'équipe hospitalière spécialisée qui m'a suivie pendant deux ans ; que de la bienveillance et beaucoup de compétences dans ce domaine de la transidentité, encore peu présent dans les études de médecine. Une attitude transphobe serait d'ailleurs paradoxale : ces médecins ont fait le choix de consacrer une grande partie de leur activité à la transition de celles et ceux qui souffrent de ne pas être nés dans le bon corps. En revanche, il leur est arrivé d'affronter des remarques désagréables, parfois violentes, de confrères, eux transphobes, ou de déplorer le peu d'empressement de leurs établissements hospitaliers à ouvrir des consultations.

Ces médecins du service public qui m'ont tant écoutée, aidée et accompagnée sont regroupés au sein de la SoFECT, la Société française d'études et de prise en charge de la transidentité. Une association honnie de certains militants radicaux qui reprochent une psychiatrisation et une médicalisation. Sur Internet, on peut ainsi lire ce genre de commentaires : « La SoFECT regroupe des médecins autodéclarés "spécialistes" des problématiques trans, et qui en vérité continuent à perpétuer des idées nocives et dangereuses sur les personnes trans, et à leur faire traverser de véritables épreuves dont tous ne sortent pas indemnes. »

Selon ces médecins injustement fustigés, quelques associations sont effectivement restées sur des impressions vieilles d'il y a vingt ou trente ans. « C'est de la pure calomnie, s'insurge le Pr Marc Revol. Quelles sont leurs preuves que nous sommes mauvais ? Si, bien sûr, ces militants se réfèrent à nos débuts, dans les années quatre-vingt, alors oui, nous n'étions pas très bons. Avec une opération par mois ou tous les deux mois, cela ne suffit pas pour progresser ; nous manquions d'expérience et de pratique. Moi-même, je ne suis évidemment pas satisfait quand je regarde ce que je faisais à mes débuts, sur le plan morphologique, par exemple. Mais ce n'est plus vrai depuis plus de vingt ans. Certaines associations sont restées sur une réalité très ancienne. Aujourd'hui, toutes les équipes de Lyon, Marseille, Bordeaux, Paris, Strasbourg et Brest savent faire et bien faire, aussi bien que les équipes étrangères. »

Quant à la « psychiatrisation » de la transidentité, elle est réfutée par le Dr Bernard Cordier, ancien chef du service psychiatrie de l'hôpital Foch, un autre « historique » de l'équipe hospitalo-universitaire parisienne spécialisée dans la dysphorie de genre. C'est lui qui m'a accompagnée. « La psychiatrie ne s'intéresse pas qu'aux maladies mentales, explique-t-il. Elle permet aussi de mieux connaître l'être humain. À propos de la transidentité, nous ne pouvons pas dire que cela n'a rien à voir avec la psychologie ou la psychopathologie. Grandir, forger sa personnalité en étant toujours à côté de ce que l'on attend de soi, en étant assis entre deux chaises, en se posant des questions à un âge où on ne se les pose pas du genre "qui suis-je ?", "je ne suis pas comme les autres garçons ou les autres filles", ça laisse des traces, ça n'est pas anodin. D'autant plus quand on se réfère à la psychanalyse qui démontre qu'il y a des mécanismes d'identification au père ou à la mère selon qu'on est garçon ou fille. Des mécanismes d'identification nécessaires, mais qui, là, sont perturbés. Les personnes transgenres ont grandi dans un corps qui ne correspond pas à la tête : à 5 ans, elles le sentent, mais elles ne peuvent l'exprimer. Cette épreuve, ces difficultés apportent aussi un plus : ces personnes, si elles sont devant nous avec leur démarche, c'est parce qu'elles ont assumé, qu'elles ne sont pas restées dans le non-dit. Elles sont dans une sorte de résilience qui a duré parfois des dizaines d'années. »

Et le Dr Cordier de conclure : « Mais tout cela ne signifie pas une "psychiatrisation" de la transidentité. Il nous faut simplement déterminer dans ce cheminement de transition, qui n'est pas anodin, que la personne souffre bien de dysphorie de genre et non d'une maladie mentale. Et seul un psychiatre peut le dire. La dysphorie de genre n'est pas une maladie, mais une souffrance : nous sommes là pour la faire disparaître grâce au traitement hormonal, puis, selon le souhait de la personne, par un acte chirurgical. » (Voir les interviews médicales en fin d'ouvrage.)

La SoFECT a officiellement disparu en 2019, non en réponse aux pseudo incompétences dénoncées sur Internet, mais parce que les spécialistes de la transidentité de l'AP-HP ont décidé de créer une nouvelle structure s'inspirant d'expériences internationales.

La Caisse Nationale d'Assurance Maladie, qui prend en charge à 100 % le suivi médical de la transition, impose un délai de deux ans entre la première rencontre avec un psychiatre, chargé d'évaluer la dysphorie de genre, et le début de la transition.

Un collège de médecins spécialistes de la transidentité valide successivement l'accès au traitement hormonal, puis, éventuellement, à l'opération de réassignation. Endocrinologues et chirurgiens ne peuvent prendre le risque de réaliser des interventions irréversibles sans l'assurance que leurs actions conduiront à la fin d'une souffrance et que le patient en tirera un bénéfice incontestable. Les chirurgiens pourraient être accusés d'amputation d'un organe sain.

Quant aux enfants transgenres, ils bénéficient de suivis psychologiques et se voient proposer à l'adolescence des bloqueurs de puberté, en attendant leur décision à propos d'une transition lorsqu'ils auront atteint la majorité.

19-20 ans

En terminale, les résultats scolaires sont bons ; je suis toujours dans les dix premiers. Mais j'échoue au bac. Timidité, manque de confiance... Les remarques de mon père, un peu moins sévère avec le temps, ne sont pas trop acerbes. Pour moi, la déception est forte. Toutefois, je positive puisque je vais pouvoir poursuivre toutes les activités que je serai obligé d'abandonner lorsque je serai étudiant et que j'aurai quitté Calais. Je refais donc une terminale, avec des résultats encore meilleurs. J'aurai enfin le bac, mais après l'oral de contrôle.

Un bac B, le bac économie. Il ne me permet pas, comme j'aurais aimé, de tenter l'entrée dans une école de cinéma afin de devenir réalisateur. Je pourrai en revanche tenter celle d'une école de journalisme, cette autre envie. Mais il faut au minimum un DEUG ; je m'inscris à la fac de sciences économiques de Lille-I. En attendant la rentrée en octobre, je vais profiter des vacances d'été pour proposer mes services à un journal. À Calais existe un des rares quotidiens locaux français, *Nord Littoral*. Sa rédaction et son imprimerie sont dans le centre-ville, à deux pas de chez nous. De ma chambre, je vois le toit du gigantesque hangar qui abrite l'imprimerie. Surtout, je sais que le rédacteur en chef est le père d'une amie d'adolescence de ma mère.

Elle m'organisera un rendez-vous. Je suis quelque peu intimidé devant ce vieux monsieur dynamique, exigeant, au caractère bien affirmé, qui rédige chaque jour un éditorial politique. Mais André Meney sait écouter les jeunes qui montrent leur enthousiasme et je me décontracte. Je lui fais part de mon ardent souhait de devenir journaliste, de cette passion pour l'écriture, pour le récit, comme je le faisais dans mes rédactions-fleuves, en économie ou en histoire-géo, qui pouvaient dépasser la vingtaine de pages. Je participais également au journal du lycée. Je suis venu avec quelques idées, dont une série de trois articles autour de métiers portuaires. S'ils sont bons, me promet-il, il les publiera. Je suis aux anges.

Mon premier article de « journaliste » est publié le 12 août 1975. Il remplit les trois quarts d'une page avec trois photos. Quelle fierté de pouvoir être lu par de nombreux lecteurs, de se dire qu'ils ont peut-être pris du plaisir et appris « des choses »... Et puis, mon nom figure pour la première fois dans un « vrai » journal en toutes lettres à la fin de l'article !

André Meney accepte de me prendre comme pigiste en attendant la rentrée. Je ne suis pas rémunéré, mais si heureux d'intégrer un journal et d'écrire pour des lecteurs ! Durant ce mois de septembre, à 19 ans, je suis journaliste à temps complet ; les journées sont intenses et je tente de proposer des sujets originaux, parfois des petits scoops. Je suis, rétrospectivement, très fier d'un article, mais aussi terriblement atterré que, près de 45 ans plus tard, il reste d'actualité. Son titre : « Les femmes battues, cela existe encore. » Je recevrai le courrier très touchant d'un vieux monsieur, Fernand Sinclair, l'un des deux créateurs de *Nord Littoral* à la Libération. Je ne le connais pas. L'enveloppe indique qu'il réside à la maison de retraite Coubertin. D'une petite écriture penchée, il me félicite : « Votre courageux article prouve que les efforts que nous avons déployés pour créer ce journal ne l'ont pas été en vain. Vous alertez l'opinion. Courage, continuez votre action, afin que cesse la torture qu'infligent ceux qui sont des "mâles" à celles qui sont souvent des mères. » Pour le jeune journaliste que je commence à être, quel bel encouragement à poursuivre cette magnifique mission d'information qui offre aux lecteurs des prises de conscience, des réflexions, des ouvertures d'esprit sur la société !

En octobre, je dois m'échapper de ce monde qui m'enchante pour celui de l'université, avec, pour seul but, l'accès à l'école de journalisme. Je quitte Calais pour le campus de Villeneuve-d'Ascq, où j'ai obtenu une chambre universitaire. Elle n'est pas grande, mais bien conçue. Certains soirs ou week-ends où je reste travailler, un collant, une serviette en guise de jupe tenue par une ceinture et un vieux soutien-gorge « emprunté » à ma mère me permettront de ne pas trop m'égarer dans des pensées morbides.

Je me suis fait un petit groupe d'amis, principalement d'origine calaisienne. Nous nous entraidons pour les travaux dirigés et nous retrouvons dans nos chambres pour des soirées crêpes. Ils vont régulièrement dans la boîte voisine du campus, les Quatre-Cantons. Malgré leur insistance, jamais je ne les accompagnerai. Je déteste cette ambiance. D'abord, je ne bois pas d'alcool, ce qui n'est pas très bien vu ni compris. Ensuite, et surtout, je me sens tellement mal dans mon corps que je ne peux trouver le moindre plaisir à danser. Parfois un peu, à l'occasion de soirées anniversaires entre amis, mais je me sens ridicule. En revanche, je suis admiratif et envieux de mes amies : j'aimerais tant porter comme elles une jolie robe qui virevolte dans les rocks et un beau maquillage qui met leur visage et leurs yeux en valeur. Je les inciterai à venir en robe, tant je reporte sur elles mon désir de féminité. Paradoxalement, j'organiserai pas mal de soirées, mais c'est l'aspect organisation et rencontre qui m'intéresse le plus : trouver la salle, installer le matériel, définir les tâches de chacun, choisir la musique et discuter...

Peu après la rentrée, je suis contacté par le magazine régional chrétien *La Croix-Dimanche du Nord* qui recherche un correspondant pour la zone littorale du Pas-de-Calais. Je rencontre sa rédactrice en chef dans les locaux très vieillots du journal, situés dans le Vieux-Lille. C'est une demoiselle âgée au regard vif et sévère, mais nous nous apprécierons rapidement. Marie-Georges Delemazure me présente sa petite équipe de journalistes, trentenaires pour la plupart, dont certains sortent de l'ESJ-Lille. Une équipe qui saura m'entourer et me faire évoluer par ses critiques constructives et sa gentillesse.

En juin, pour la première fois, je réussis un examen du premier coup. Il est vrai que l'économie me passionne, ainsi que la sociologie et la géographie. L'économie et les sujets de société seront mes thèmes de prédilection en tant que journaliste. Je me sens peu attiré par les faits divers, les crimes, les violences, et encore moins par le sport. À mon sens, l'économie, dans toute sa réalité sociale, sociétale, entrepreneuriale, consumériste, environnementale, financière, politique, est la matière qui implique le plus la vie des citoyens. Elle est au cœur de l'actualité avec toutes ses influences dans le quotidien de chacun.

Ma première année universitaire validée, me voici en vacances.

Dialogue avec mon vagin

Au sortir de l'hôpital, ce vendredi de février 2019, m'attend une longue convalescence d'au moins deux mois. Quel plaisir de retrouver notre maison de Nanterre… Dans un premier temps, ce sera repos, même si j'ai du mal à assumer cette « activité ». Régulièrement, des vertiges et des étoiles dans les yeux me rappellent que je franchis les limites. Notamment, le samedi de mon retour, quand je passe une bonne partie de l'après-midi debout à faire de la pâtisserie. Je suis tellement heureuse de préparer une brioche et des financiers pour le goûter qui, demain, nous réunira tous, enfants et petits-enfants. J'ai hâte de revoir nos petits Félix et Firmin que je n'ai pas tenus dans mes bras depuis près de trois semaines.

Quatre jours après la sortie de l'hôpital, il faut y retourner pour le « service après-vente », comme l'avait qualifié la chirurgienne. Il s'agit de vérifier les cicatrices et de recevoir les conseils pour les soins à domicile. Christine m'accompagne ; je suis encore faible et elle veut éviter que je fasse un malaise dans les transports en commun.

Patricia, infirmière âgée d'une cinquantaine d'années, est d'une convivialité et d'une gentillesse appréciables. Elle examine les cicatrices qui sont « belles », procède au retrait de quelques fils et me donne des conseils pour les soins quotidiens. Dans une dizaine de jours, il faudra commencer des soins plus contraignants, en plus du changement régulier de la « petite souris » : trois fois par jour, il me faudra introduire dans le vagin et garder pendant une heure en position allongée une bougie de Hegar (un dilatateur nécessaire à la formation correcte du vagin). J'ai dû en commander cinq de diamètre progressif, à employer successivement au fil des semaines. Le premier jour, je pratique cet « exercice » dans les règles de l'art, allongée sagement sur mon lit : une première fois de 7 à 8 heures, une deuxième de 14 à 15 heures, une troisième de 21 à 22 heures, le casque vissé sur les oreilles à l'écoute de mes musiques préférées. Mais je ne me vois pas « perdre » ainsi trois heures par jour... Le lendemain, muni de ma tablette numérique, je tente de m'installer dans un fauteuil de jardin aux multiples positions. S'asseoir avec cette espèce d'ogive métallique qui vous empale n'est pas évident, mais avec les jambes en position allongée, c'est parfait. Dès lors, le matin, je lis la presse du jour. Après le repas, je lis et réponds aux mails, consulte Facebook ou des revues de mon abonnement LeKiosk. Le soir, je lis ou regarde la télévision avec Christine.

En introduisant ce fameux dilatateur qui, m'a précisé l'infirmière en riant, n'est pas un « jeu sexuel », je découvre, inquiète, que mon vagin est tordu. Cette espèce de pénis métallique rentre dans un axe oblique vers la droite. Dès le rendez-vous suivant avec l'infirmière, je lui fais part de mon trouble. J'apprends alors que tout cela est la faute de cette foutue prostate, toujours existante dans mon corps, comme pour me rappeler que non, je ne suis pas et ne serai malheureusement jamais une femme comme les autres. La place occupée de façon centrale par la prostate impose une légère déviation du vagin. Je me résous à savoir que mon cher nouveau vagin sera désaxé pour le reste de ma vie.

Une femme pas comme les autres… Cette question existentielle continue de me hanter. D'autant que cette prostate qui gêne le vagin remet une nouvelle fois en cause mes certitudes d'être enfin totalement femme. « Va-t-on vous demander si vous avez une prostate ? », me lance l'infirmière à qui je fais part de mes réflexions. Non, bien sûr, mais moi, je le sais. Décidément, pourquoi ne suis-je pas née fille ?

La justice va, en revanche, me permettre de l'être totalement, du moins pour l'état civil.

Jeudi 21 mars. Le facteur sonne à la porte. Lettre recommandée à en-tête du tribunal de grande instance de Nanterre-Pôle famille. Trois feuilles : sur la première, les « protagonistes » de l'audience du 5 février avec le demandeur, qui s'appelle encore Bruno, Pierre, André Denaes, et la partie intervenante : la première vice-procureure, les juges et la greffière. La deuxième page expose ma demande : « Par requête déposée au greffe du tribunal de grande instance de Nanterre le 21 novembre 2018, Monsieur Bruno, Pierre, André Denaes a sollicité la rectification de son acte de naissance afin que la mention "sexe masculin" soit remplacée par la mention "sexe féminin" et que ses prénoms soient remplacés par "Béatrice". » Puis, la décision : « […] Le ministère public a émis un avis favorable, constatant la réunion suffisante de faits démontrant que la mention relative à son sexe masculin dans ses actes d'état civil ne correspond pas à celui dans lequel Monsieur Bruno Denaes se présente, c'est-à-dire le sexe féminin ».

Suivent les motifs, que je trouve admirablement exposés. Ils résument en quelques mots mon histoire : « Lors de l'audience, Monsieur Bruno Denaes a indiqué avoir pris conscience à l'âge de 5 ans qu'il ne correspondait pas au "bon sexe". Il précise qu'il passait alors beaucoup de temps à l'école avec ses camarades filles en les enviant, qu'il vivait très mal cette situation et qu'à l'adolescence, puis à l'âge adulte, il profitait de l'absence de sa famille pour "être femme". Il ajoute que son épouse et ses deux enfants ont soutenu sa démarche entreprise il y a deux ans et qu'il est aidé et suivi par un médecin psychiatre, une endocrinologue, une orthophoniste et une dermatologue. »

Puis, le document reprend des « motifs » actuels, en s'appuyant en particulier sur les attestations de ma femme et de ma fille : « Il s'est présenté sous une apparence féminine à l'audience. Il établit par des attestations émanant de son entourage social, professionnel et familial, notamment son épouse, que son comportement social est celui d'une personne de sexe féminin et qu'il est connu sous son identité féminine de Béatrice. Ainsi, son épouse atteste : "mon mari m'a appris il y a cinq ans qu'il ressentait depuis son enfance ce qu'on appelle une 'dysphorie de genre'. Avec pas mal de difficultés, j'ai compris et admis cette situation. Il vit désormais femme et a pris le prénom de Béatrice. Même si ce n'est pas toujours facile pour moi, je le soutiens et trouve sa démarche courageuse. Nos enfants et famille proche l'ont toujours soutenu sans jugement dans sa vraie identité de genre". Sa fille témoigne : "Depuis plusieurs années, mon père effectue progressivement sa transition et développe sa féminité avec courage. Il peut compter sur le soutien des membres de sa famille, amis et collègues qui, tous, portent un regard bienveillant sur son parcours." »

Le tribunal ajoute l'argument médical : « De plus, bien que la loi ne l'impose pas, il est relevé que Monsieur Bruno Denaes suit un traitement hormonal et qu'il a subi une opération chirurgicale de vaginoplastie attestant sa volonté de changer de sexe. »

Vient ensuite le plus important : « Ainsi, la mention relative à son sexe à l'état civil ne correspond pas à celui dans lequel le requérant se présente et dans lequel il est connu. Par conséquent, il convient de faire droit à la demande de Monsieur Bruno Denaes. [...] Par ces motifs, le tribunal dit que, sur son acte de naissance, Bruno Pierre André Denaes, né le 14 mars 1956 à Calais, doit être désigné comme étant de sexe féminin et se prénomme désormais Béatrice Denaes ; ordonne sous trois mois que mention de la présente décision soit portée en marge de l'acte de naissance de l'intéressé ; dit que la présente décision sera notifiée à la requérante et qu'elle sera portée à la connaissance du procureur de la République ». J'apprécie qu'à la fin de ce jugement qui officialise enfin ma véritable identité, je devienne « la requérante ».

Après la vaginoplastie qui m'a fait femme, la justice et l'état civil reconnaissent mon prénom et officialisent mon sexe féminin. Une émotion immense me saisit et je fonds en larmes.

Je m'empresse de prévenir ma femme que j'embrasse affectueusement et qui me lance un « bravo ». Je commence à toucher le but d'un long chemin porté par une volonté farouche de corriger cette terrible erreur de la nature. Je suis tellement euphorique que je préviendrais bien la terre entière. On se contentera de ma famille et de mes amis. Je tiens vraiment à remercier par mail mes enfants, ma sœur, mes belles-sœurs, beaux-frères, nièces, neveux et ma cousine : « Ma chère famille. Je voulais vous faire partager l'immense bonheur de ce courrier reçu il y a une heure : le jugement du TGI de Nanterre officialise mon prénom et mon changement de sexe. Quelle émotion et quelle joie intense ! J'en profite pour vous remercier pour le soutien que vous m'avez toujours apporté, même si mon annonce pouvait perturber, étonner, interroger. Voire rejeter. Vous êtes une super famille… Je vous embrasse très fort avec les larmes de joie qu'a provoquées la réception de ce courrier. Béa. » Réponse de Sylvie, ma belle-sœur dont nous sommes très proches : « Je comprends et partage ton émotion ; encore une étape franchie ! » Et de ma sœur : « Quelle bonne nouvelle, le fruit d'une longue "bataille". Bravo à toi. »

Il me faut aussi prévenir mes amis, *via* Facebook : « […] C'est officiel : je m'appelle bien Béatrice et je peux cocher la case F sur les documents administratifs. Mon esprit, mon corps et mon état civil sont désormais "unis" pour un bonheur personnel attendu depuis si longtemps… » Je reçois très rapidement de nombreux messages de félicitations, mais aussi quelques-uns plus personnalisés, sinon drôles : « On ne naît pas femme, on le devient. Simone avait raison » ; « La femme est l'avenir de l'homme » ; « Horizon atteint »…

Mais celui qui m'amusera le plus est celui d'une voisine amie : « Bienvenue dans le monde où il faut ajouter des "e" partout ! »

Telle une justicière avide de changer le monde, je vais enfin pouvoir faire disparaître Bruno Denaes de tous les documents administratifs, contractuels ou commerciaux. Dès l'après-midi, je commence à établir la liste des organismes à prévenir. Les démarches qui suivent vont permettre de tester les entreprises ou les administrations les plus efficaces et les plus tournées vers les services à leur clientèle. Il y a quelques jours déjà, j'ai modifié mon adresse mail principale, hébergée chez Apple, en remplaçant Bruno par Béatrice. D'une manière générale, c'est assez simple de le faire sur la plupart des sites. De la Caisse d'assurance maladie à EDF, Engie ou Free, en passant par l'assurance ou la mutuelle, pas de difficultés.

Cela se complique un peu pour modifier le nom du titulaire du compte. Mentions particulières pour EDF qui, dans la demi-heure qui suit ma demande déposée sur son site, appelle pour quelques précisions et confirme que le changement intervient immédiatement ; pour la MAIF, qui envoie par retour les contrats modifiés à signer numériquement ; pour mes différents abonnements de journaux ou de sites de vente en ligne… Procédure simple sans demande de justificatifs. C'est beaucoup plus lent pour Suez (fournisseur d'eau) et la Sanef (badge autoroutier) qui exigent le jugement du tribunal, pour la CPAM qui « transfère ma demande [de modification de carte vitale] au service compétent », pour notre opérateur Free qui, paradoxalement pour une société qui se veut très tournée vers l'innovation, ne prend en compte que les demandes effectuées… par courrier !

La palme de l'efficacité et de la rapidité revient sans nul doute à Oney, ma banque en ligne. Un mail le jeudi soir. Une demande du jugement en réponse dans l'heure, envoyé dans la foulée. Le lendemain, confirmation de la commande de ma nouvelle carte bancaire. Le mercredi suivant, réception avec beaucoup d'émotion ma carte au nom de Mme Béatrice Denaes. C'est le premier document officiel qui porte ma nouvelle identité.

Pour les papiers d'identité, ce sera malheureusement plus long. Il faut produire l'acte de naissance modifié à la suite du jugement et attendre... Quant à la Commission de la carte d'identité des journalistes professionnels (CCIJP), elle exige le jugement, une photo d'identité et le renvoi de l'ancienne carte (juridiquement, cette carte a la même valeur que la carte nationale d'identité). Moins d'une semaine plus tard, je reçois la nouvelle carte de journaliste. Je suis euphorique ; c'est certainement le document officiel que je préfère, tant l'attachement est profond à ma profession. La nouvelle photo, celle de Béatrice, est bien en place. Mais – quel choc ! – le prénom n'a pas été changé. Béatrice n'a pas remplacé Bruno ! J'écris immédiatement à la commission et reçois peu après des excuses « pour cette erreur, qui, croyez-le bien, n'était pas du tout intentionnelle. Je vous renvoie une nouvelle carte dès aujourd'hui ».

La mise en conformité de son état civil est un véritable parcours du combattant. Mes démarches ont commencé il y a quatre mois, en novembre. Le plus difficile a été de trouver comment s'y prendre. Suivant de près l'actualité transgenre et transidentité, je savais que la procédure avait été simplifiée grâce à la loi du 18 novembre 2016 de « modernisation de la justice du XXIe siècle ». Désormais, plus besoin de passer par un avocat, d'obtenir un certificat médical ou d'avoir été opérée… D'accord, mais après, que faut-il faire ? Ni le site du tribunal de grande instance de Nanterre ni celui du ministère de la Justice n'indiquent la procédure à suivre. Celui du TGI de Paris se contente de publier le texte de la loi, sans plus.

Nous sommes en 2019... et nous allons donc devoir reprendre les bonnes méthodes d'antan : le téléphone. Durant plus d'une semaine, impossible de joindre le greffe du TGI de Nanterre. Vingt minutes d'attente à chaque fois pour apprendre *in fine* que la seule greffière compétente sur le sujet est en congé. À son retour, nouvel appel, vingt minutes d'attente et un message enregistré précisant comment joindre… le tribunal de commerce. Triste réalité ! Je finirai par abandonner ce qui aurait dû être le meilleur moyen et le plus fiable pour connaître les démarches.

Reprise des recherches sur Internet : « Changement d'état civil », « Comment modifier ses papiers d'identité ? », etc. La plupart du temps, je retombe sur la fameuse loi de 2016, mais sans la marche à suivre… Finalement, je découvre le site ACTHE, Association commune trans et homo pour l'égalité. Pas vraiment actualisé, mais que d'informations ! Tout y est avec les modèles de documents à envoyer et les formulaires à remplir. Ce que l'on serait en droit de trouver sur un site officiel.

Le dossier à constituer est conséquent. Il faut d'abord rédiger la « requête en changement de sexe et de prénom à l'état civil devant la chambre du conseil » ; plus simplement, il s'agit de résumer son « expérience » transidentaire et de développer les arguments qui motivent la demande. Allons-y : « Âgé de 62 ans, marié et père de deux enfants, j'ai pris conscience vers 5-6 ans que je ne correspondais pas au “bon sexe”. » Puis, sur deux pages, je résume la « souffrance qui m'a accompagné pendant toute ma vie ». J'évoque le soutien de ma famille : « Il y a environ cinq ans, j'en ai parlé à ma femme, puis à mes enfants. Terrible choc pour ma femme, mais au fil d'explications, de discussions et de transparence complète, elle a admis la situation en me soutenant dans mes démarches. Pour mes enfants, ce fut plus facile, estimant que le principal était que je sois heureuse ; selon eux, cela a aussi permis de mieux comprendre certains de mes comportements, comme le fait de les avoir “couvés”, comme une “mère poule”. » J'y ajoute mon parcours médical : « Depuis plus de deux ans, je suis aidée et suivie par le Dr Cordier, psychiatre à l'hôpital Foch. Le Dr Brémont, de l'hôpital Cochin, m'a prescrit, en tant qu'endocrinologue, le traitement démasculinisant et féminisant que je suis quotidiennement. J'ai rencontré le Pr Revol, chirurgien de l'hôpital Saint-Louis, et l'opération de réassignation est prévue pour le 13 février prochain. Depuis septembre, j'ai une séance hebdomadaire d'orthophonie avec Madame Girard-Monneron, afin de féminiser ma voix. En novembre, j'ai un premier rendez-vous avec la Dr de Ramecourt, pour une épilation définitive. » Enfin, il faut rédiger et signer un « consentement libre et éclairé pour la modification de l'acte de naissance ». Ma femme, mes enfants et ma sœur sont d'accord pour attester que je souhaite mettre mon sexe en conformité avec ma personne. Ma sœur, par exemple, écrit : « [...] J'ai pris conscience de la réelle nécessité de cette transition, du courage et de l'énergie qu'impose cette démarche, de la souffrance constante de vivre dans un corps qui n'est pas conforme à son identité féminine. Pour qu'enfin Béatrice puisse devenir la femme qu'elle devrait être depuis si longtemps, il ne manque que ce changement d'état civil qui lui permettrait d'être reconnue sous son vrai genre et devenir enfin ma sœur ». Ma fille évoque nos petits-enfants et mon « amour maternel ». Je suis profondément touchée : « [...] Je suis la maman de ses deux uniques petits-fils. [...] Lors de leurs sorties ensemble, [mon aîné de 3 ans] est content de passer du temps avec "Dada" qui a envers lui le même amour maternel que celui que nous avons reçu, mon frère et moi ». Je fonds à cette évocation tant il est vrai que mon côté féminin a certainement marqué mon attitude et mes relations avec nos enfants. Je n'ai pas eu la chance de les porter et de les mettre au monde, mais je crois qu'un cordon ombilical virtuel m'a toujours uni à eux.

Bien que la loi de 2016 ne l'impose plus, je joins l'attestation que j'ai demandée à mon psychiatre, ainsi que le compte rendu, très détaillé et très réaliste, de mon premier rendez-vous avec l'endocrinologue. Je tiens vraiment à montrer le cheminement que j'ai choisi pour devenir moi-même. J'ajoute deux photos de Béatrice, l'une avec ma sœur sur la butte Montmartre, l'autre sur la terrasse du Mont-Valérien avec notre petit-fils Félix dans mes bras à côté de notre fille et notre gendre. Elles montreront aux juges que je vis vraiment ma vie de femme avec mes proches. Et ce mot : « J'avoue avoir cherché en vain des renseignements sur votre site et avoir tenté en deux semaines (et une douzaine d'appels) d'obtenir au téléphone le "bon" interlocuteur pouvant m'indiquer la "bonne" démarche. Finalement, j'ai dû me rabattre sur des sites d'associations que j'espère fiables. Les documents envoyés – en trois exemplaires – conviennent-ils à cette demande ? »

L'enveloppe, bien épaisse, part en recommandé. Et me parvient la convocation du tribunal pour une audience fixée au 5 février. Une bonne date : c'est l'anniversaire de ma sœur…

Pour être angoissée, je suis angoissée. À 11 heures, ce 5 février, une semaine avant mon opération, je dois donc me rendre au tribunal pour mon changement d'état civil et de prénom. Comment vais-je me présenter ? Mon maquillage habituel, fond de teint pas trop marqué, yeux cernés de noir, sourcils accentués, rouge à lèvres avec lequel je me sens à l'aise : toujours féminine, mais avec sobriété. En jupe ou en pantalon ? Je préfère collants et jupe, mais le palais de justice de Nanterre est mal desservi en transports en commun et, en voiture, il est quasi impossible de stationner. J'irai donc à vélo. Par une température de 3 degrés, le pantalon est plus judicieux ; j'opte pour un legging et un joli pull bleu nuit constellé de fils dorés. Je sais que mon look n'aura aucune influence, mais je veux me sentir bien dans un cadre qui m'est totalement inconnu.

De peur d'une crevaison, d'un aléa ou de ne pas trouver facilement la salle d'audience, je pars avec trois bons quarts d'heure d'avance et arrive à 10 h 30. Quand j'entre dans la salle d'audience, un grand bureau, avec vingt minutes d'avance, je suis sans avocat, puisque, depuis la loi de 2016, ce n'est plus obligatoire. Que des femmes face à moi… La présidente me présente les deux juges stagiaires qui l'entourent, puis la greffière et la procureure. Très souriante et bienveillante, elle résume mon dossier, constate que mon opération se déroule dans une semaine (« Tout s'enchaîne ») et demande si je veux ajouter des précisions. J'en profite pour raconter deux humiliations vécues lors de rendez-vous médicaux : dans la salle d'attente, j'ai été appelée publiquement par mon prénom masculin. J'ajoute que passer les frontières avec des papiers d'identité qui ne correspondent pas à mon genre risque de poser des difficultés.

Et puis, la médecine va faire de moi enfin une « vraie » femme…

La présidente se tourne vers la procureure : « Quel est votre avis ? » « Avis favorable », dit-elle, provoquant un grand sourire sur mon visage. Mais, comme chacun sait, la justice n'est pas rapide : la décision définitive n'interviendra que le 19 mars. Elle précise que le procureur de la République doit « dans les quinze jours suivant la date à laquelle cette décision est passée en force de chose jugée » ordonner au service d'état civil de ma ville de naissance que « mention de la présente décision soit portée en marge de l'acte de naissance de l'intéressé ». Celui-ci a alors trois mois pour s'exécuter.

Début avril, je suis en convalescence au Touquet, proche de ma ville natale de Calais. Les quinze jours légaux étant passés, il sera certainement plus rapide de retirer mon acte de naissance modifié en me rendant directement à la mairie. L'employée de l'état civil va chercher le vieux registre des naissances de 1956… et constate avec moi que l'acte n'a pas été modifié ! Et rien au courrier du matin non encore traité :

le délai d'envoi du jugement par le parquet de Nanterre n'a pas été respecté.

De retour à l'appartement, j'appelle le bureau du procureur, qui retrouve mon jugement sous une pile d'envois à effectuer. Explications : des effectifs supprimés, six mois de retard pour les envois. Je plaide une fois de plus l'urgence de papiers d'identité afin de pouvoir me déplacer sans souci et mon interlocutrice promet de faire parvenir le jugement dès la semaine suivante à la mairie de Calais.

Ce ne sera pas fait. Et me voici bien « coincée ». Je désespère d'obtenir mes papiers officialisant ma nouvelle identité. À ce jour d'avril, je n'ai toujours pas de carte d'identité ni de passeport. Ni de carte Vitale. Ni de carte de mutuelle. Ni de permis de conduire. Nous sommes dans un véritable sketch à la Devos. Sauf que ce sketch est loin de me faire rire. Dès le jugement du 19 mars, j'ai évidemment demandé la mise en conformité de ma carte Vitale ; je ne veux plus vivre l'humiliation des salles d'attente à l'appel de mon prénom masculin. Selon les « brefs délais » de la CPAM, il faudra quatre semaines, après quelques rappels, pour savoir quels sont les documents nécessaires. Parmi eux, la photocopie de ma nouvelle… carte d'identité ! Quant à la mutuelle, qui gère également les versements de ma retraite, il lui faut une copie de ma carte Vitale à jour. C'est kafkaïen… Il en est de même pour le changement de permis de conduire, impossible à obtenir sans nouvelle carte d'identité. Nous nageons dans l'absurdité la plus complète d'administrations peu enclines au respect de chacun. Un coup dur pour mon optimisme et ma joie d'être officiellement reconnue comme « Béatrice Denaes ».

Même déception avec l'informatique. Je ne pensais pas qu'une société novatrice et *a priori* « évoluée » comme Apple pouvait poser autant de difficultés aux personnes transgenres. En possession d'une multitude d'appareils à la pomme qui communiquent entre eux, je souhaite que l'identifiant commun soit Béatrice Denaes. Pouvais-je imaginer un seul instant qu'il allait me falloir autant d'énergie pour un si piètre résultat ? La demande est pourtant simple : que ma nouvelle adresse mail « beatricedenaes », facilement créée sur le site d'Apple, remplace l'ancienne « brunodenaes », comme identifiant. Mais l'opération bugge et l'assistance technique du géant informatique, connectée à distance, ne parvient à rien. La supérieure, appelée en renfort, n'est guère plus efficace : elle tente un nouvel identifiant avec une autre adresse mail Apple et… bloque l'ensemble pour un mois, délai impératif pour revenir sur la manipulation. La synchronisation de mes appareils s'en trouve perturbée. La semaine suivante, j'apprends d'un technicien Apple que ma nouvelle adresse « beatricedenaes », en tant qu'alias, ne pourra jamais être reconnue comme identifiant. Tout ça pour ça… La seule solution est de créer un nouveau mail, mais je perds le lien avec les précédents, et de reconfigurer tous mes appareils avec ce nouvel identifiant, au risque de voir des données disparaître. Je refuse et fais remarquer que, chez Apple, on ne peut donc pas être une personne transgenre et changer d'identité. Il reconnaît que cela n'a jamais été envisagé sur le plan technique et promet de faire remonter cette « anomalie » auprès des ingénieurs. Oui, nous sommes bien en 2019.

Cinq semaines après le jugement et près de six mois après ma demande de changement d'état civil, l'espoir renaît. Un courrier du parquet de Nanterre, daté du 24 avril, m'indique que les instructions ont été données à la mairie de Calais. Aussitôt, je fais sur le site une demande d'envoi de mon acte de naissance rectifié. Vérifications faites quatre jours plus tard : ma demande n'a pas été prise en compte. J'appelle l'état civil, qui n'a rien reçu, et le parquet, pour qui les changements d'état civil sont considérés comme urgents. Celui-ci décide d'envoyer le document par fax, une erreur ayant pu être commise. Mais j'apprends que l'état civil de la mairie de Calais n'a plus de fax depuis longtemps. Je vis un cauchemar. Dernière lueur d'espoir, il reste un unique fax à la mairie où le document a peut-être été réceptionné. Au bout de plusieurs longues minutes au téléphone : « Désolée pour cette attente, mais le bureau qui possède encore un fax est éloigné. » Oui, mais mon document est-il arrivé ? « Oui ». Ouf… « Dois-je refaire une demande pour mon acte de naissance modifié ou celle de la semaine dernière est-elle toujours valable ? » « Mais je ne trouve pas votre demande », répond l'employée. Et pour cause… j'avais rempli le formulaire avec mon nouveau prénom, Béatrice. Il faut maintenant que le document envoyé par courrier me parvienne à temps ; le rendez-vous à la mairie de Nanterre pour mes nouveaux papiers d'identité est dans une semaine.

20-22 ans

En octobre 1976, c'est la rentrée en deuxième année de sciences économiques , mais c'est surtout l'année de préparation au concours d'entrée à l'école de journalisme de Lille. Les week-ends où je retourne chez mes parents, je suis assez souvent dans mon « sanctuaire féminin » : en mai 1977, je vais participer à l'expo photo du centre culturel de Calais. Est-ce ma dualité fille-garçon, mais j'adore le noir et blanc et, plus encore, les contrastes forts entre ces deux couleurs opposées. J'exposerai donc une douzaine d'agrandissements, des clairs-obscurs jouant sur des noirs et des blancs intenses, des contre-jours, des bougies, des flammes, des feux de bois, des vitraux, des crépuscules…

Mi-juillet 1977 : me voici admis à l'école de Lille. En septembre, son directeur, Hervé Bourges, nous accueille. De son discours, je retiendrai principalement qu'un journaliste l'est 24 heures sur 24, qu'on ne peut jamais cesser de s'intéresser au monde qui nous entoure, que rien ne peut nous être interdit (« Si la porte nous est fermée, dit-il, on passe par la fenêtre, sauf s'il y a danger de mort, comme pour un transformateur électrique ») et que nous sommes les garants de la démocratie. Des paroles qui me confortent dans ma passion : quoi de mieux que d'être payé pour être curieux et apprendre chaque jour en découvrant le monde qui nous entoure afin de partager ces nouvelles connaissances.

Ayant réussi le concours dès la première tentative, je suis l'un des plus jeunes étudiants au milieu de « grandes gueules » assez extraverties. Mal dans ma peau, peu sûr de moi et discret, je suis tout le contraire. Je suis heureux de retrouver un de mes « collègues », pigiste comme moi de *La Croix-Dimanche du Nord*, directeur des études de l'ESJ. Mais il sera toujours plus proche des plus âgés, drôles et expansifs. J'aurai quand même un petit groupe d'amis, des étudiants discrets et travailleurs, et surtout des étudiantes.

Je suis très attiré par l'audiovisuel. Mon premier professeur est d'ailleurs Jean-Pierre Pernaud, diplômé depuis peu de l'ESJ et déjà à TF1. Quand je pense aujourd'hui aux difficiles séances d'orthophonie et au travail nécessaire pour féminiser ma voix, je me dis que je refais le voyage à l'envers. À l'époque, ma voix est mal posée et pas suffisamment grave. Un comédien d'une troupe de théâtre lilloise, qui nous suit chaque semaine, m'aide à l'améliorer. Le soir, sur ses conseils, je m'enregistre sur un petit magnétophone à cassettes et me réécoute, ce que je déteste tant je ne supporte pas ma voix ; au fil du temps, je parviens à mieux la poser. Un passage nécessaire pour travailler à la radio ou à la télévision.

L'été suivant, je pénètre dans cette belle bâtisse, style hôtel particulier, du boulevard de la Liberté à Lille. Elle me faisait rêver chaque fois que je passais devant. C'est le siège de la radio-télévision régionale FR3 Nord-Pas-de-Calais. Avec en poche un contrat de remplacement, je suis principalement affecté à la présentation des journaux radio, auprès du titulaire. Le matin, c'est lever à 4 heures pour être à 5 heures à la rédaction. Cela me va, j'aime me lever tôt, alors que j'ai du mal à « tenir » le soir. À la rentrée, FR3 prolonge mon contrat. Ma journée sera forcément beaucoup plus longue. Après la radio de 5 à 8 heures, je file à l'ESJ pour suivre les cours et, le soir, il faut réaliser les travaux et les reportages demandés par les enseignants.

Un de ces reportages va marquer ma vie. Notre prof de presse écrite nous a demandé un papier sur la rentrée universitaire avec un angle original. Une camarade étudiante en pharmacie, Geneviève, m'avait parlé d'une de ses amies de fac, dont les trois sœurs sont également étudiantes et toutes dans le domaine de la santé, sous le regard du papa, lui-même professeur de médecine ! Voilà un bon sujet… Elle s'appelle Christine. Je lui téléphone et lui propose de nous rencontrer, ainsi que ses sœurs. Le lendemain, je sonne à la porte de la belle maison de cette famille très « médicale », située à La Madeleine, ville voisine de Lille. Christine et ses sœurs répondent avec beaucoup de gentillesse à mes questions. Au moment de partir, vers 19 h 30, Christine, l'aînée, et sa maman m'invitent à dîner. Pourquoi pas ?

Quelques jours plus tard, le hasard veut que nous nous retrouvions, Geneviève, Christine et moi dans sa 2 CV. Elle démarre et ne voit pas que le feu du coin de sa rue vient de passer au rouge. Bruit de tôles froissées… L'avant de la petite Citroën est écrasé. Pas de blessure, mais Geneviève et Christine sont marquées par ce choc violent. Le temps qu'arrive la dépanneuse, je sympathise avec Christine et nous décidons de nous revoir.

Christine représente tout ce que j'aime chez une fille : elle est très jolie avec ses cheveux mi-longs et son grand sourire, un maquillage discret, mais qui renforce ses beaux yeux, et elle est intelligente, vive, avec un caractère affirmé. Ce que j'aurais voulu être… J'irai passer le réveillon de Noël chez ses parents, avant de partir présenter la matinale de FR3, et nous fêterons la nouvelle année 1979 avec mes amis dans une salle paroissiale qui nous a été prêtée.

La danse n'est pas mon truc ; je préfère organiser, veiller à ce que tout se passe bien et discuter. Je fais régulièrement des allers et retours entre la salle où la fête bat son plein et la cuisine voisine où sont stockées nourriture et boissons. Peu avant minuit, Christine me rejoint dans cette pièce pour m'aider. Nous sommes face à face et nos lèvres se rejoignent amoureusement. Nous nous serrons dans nos bras. Mon cœur de grand timide bat à tout rompre. Le bonheur...

Au petit matin, il faut se rendre à l'évidence, la neige tombée cette nuit de Nouvel An empêche toute circulation. C'est une bonne nouvelle : Christine est contrainte de rester à Calais. Nous nous retrouvons l'après-midi pour ranger et nettoyer la salle. Puis, les pieds dans un niveau de neige rare dans cette ville maritime, nous partirons vers la plage pour une promenade, main dans la main.

C'est un immense bonheur. Ma timidité, mon mal-être et ma situation « ambiguë » de garçon qui se sent fille, qui adore être avec des filles, mais qui ne parvient pas vraiment à draguer m'ont tellement bloqué que je désespérais de former un couple, pour réaliser ensuite mon vœu le plus absolu : fonder une famille. On en est encore loin, mais cette énorme solitude sentimentale, devenue insupportable, semble comblée. Il faut maintenant que notre amour grandisse, sans se rompre. Un brin superstitieux, je décide de ne plus « être fille » pour garder mon bonheur et mon amour...

Des bonheurs gagnés, perdus ou perturbés

Trois semaines après l'opération, même s'il reste douloureux de s'asseoir « normalement », je me sens mieux de jour en jour, moins fatiguée : il faut que je bouge. Nous partons une petite semaine au Touquet : repos, soins et balades dans l'air vivifiant des grandes plages du Pas-de-Calais. Et j'ose pousser pour la première fois la porte d'une esthéticienne. J'en rêvais depuis des semaines afin de mettre en ordre mes horribles sourcils. J'ai bien acheté une mini-tondeuse pour les dompter un minimum ; le résultat n'est pas fantastique. En ce jeudi de mars, venteux un peu déserté, je trouve une esthéticienne désœuvrée dans son cabinet ; elle peut me prendre tout de suite. Allons-y pour cette grande première.

Au moment de monter sur la table de soins, je lui confie que je dois faire attention, ayant subi une opération récente, et que c'est une toute nouvelle expérience pour moi. L'esthéticienne est jeune, souriante et inspire la confiance. Je finis par lui raconter mon changement de sexe et ma longue transition et j'apprends qu'une de ses meilleures amies, garçon à l'origine, est elle aussi en période de transition et économise pour pouvoir se faire opérer. Pendant que la jeune femme épile mes sourcils de façon plus structurée et féminine, je lui donne quelques informations pour son amie, dont la principale : en France, on peut bénéficier d'une prise en charge complète de l'Assurance maladie.

Au retour, Christine souhaite passer par Lille pour déjeuner avec sa mère, que nous n'avons pas vue depuis Noël. Seulement, pour moi, la donne a changé. Ce jour-là, j'avais accepté de me travestir exceptionnellement une dernière fois en homme. Un véritable calvaire : j'avais très mal vécu cette journée, alors que Noël reste une de mes fêtes familiales préférées. Il est vrai que la famille de ma femme a décidé de taire l'existence de Béatrice. Ma belle-mère est très âgée, malade et d'esprit traditionnel ; ses quatre filles craignent sa réaction. Personnellement, j'aurais préféré qu'elle soit mise au courant et qu'elle décide de son attitude à mon égard en connaissance de cause.

Pour la première fois, je ne peux pas déjeuner en sa compagnie. Malgré son caractère pas toujours facile, je m'entends plutôt bien avec elle. Avec le père de Christine, décédé il y a quelques années, ils ont certainement été des parents de substitution après le décès des miens, alors que je n'avais pas 30 ans. Elle était toujours heureuse lorsque nous allions la voir. Aujourd'hui, Christine va devoir mentir pour lui expliquer mon absence. Un demi-mensonge, car l'excuse retenue est un déjeuner avec Jean-Michel Lobry, l'un de mes meilleurs amis, journaliste, PDG de la chaîne Wéo, et parrain de notre fils. Ce repas est d'ailleurs l'occasion de lui présenter sa nouvelle amie, Béatrice, qu'il n'a pour l'instant vue qu'en photo.

Je n'aime pas le mensonge et je m'inquiète que Christine doive désormais trouver une nouvelle histoire pour justifier mon absence à chacune de ses visites. Quelques jours plus tard, j'ai l'occasion de faire part de ce trouble auprès d'une de mes belles-sœurs, qui promet d'en rediscuter avec ses autres sœurs…

Le lendemain, c'est ma première séance d'épilation du visage. J'avais déjà rencontré en novembre la Dr Adeline de Ramecourt, spécialiste de l'épilation laser et électrique, très bienveillante à l'égard des personnes transidentitaires et acceptant la prise en charge ALD (affection de longue durée pour laquelle les frais médicaux sont intégralement pris en charge par la Sécurité sociale). Pour éviter que l'intervention chirurgicale ne perturbe la régularité du traitement au laser, nous étions convenues de commencer un mois après. Nous y voilà… La machine ronronne bruyamment dans le cabinet médical. Un jet puissant d'air froid anesthésie quelque peu la peau avant que le laser brûle les poils noirs du visage. Cette opération n'est pas agréable. Et je pense déjà à l'opération suivante autrement plus douloureuse : dans quelques mois, les poils non disparus, les poils clairs, nombreux à mon âge et ignorés par le laser, seront attaqués à l'aide d'une aiguille introduite dans chaque pore et par laquelle passe une décharge électrique.

« Mais les œstrogènes que tu prends depuis l'année dernière ne suppriment pas les poils ? » me demande-t-on régulièrement. Eh non ! Ils les réduisent simplement. Et en attendant de les voir disparus grâce à l'épilation définitive, je dois encore pratiquer quotidiennement cette opération psychologiquement pénible : le rasage du visage. Hors de question de jouer la femme à barbe… Lors d'une transition femme vers homme en revanche, le traitement hormonal est efficace pour les caractères sexuels secondaires, comme le développement de la pilosité et la mue de la voix.

Et les œstrogènes n'ayant non plus aucune efficacité pour féminiser la voix, il faut passer par la case « orthophonie ». Le Dr Bernard Cordier, mon psychiatre de l'hôpital Foch, me conseille sa consœur du même hôpital, la Dr Claude Fugain, ORL et phoniatre réputée. Elle m'a reçue l'année dernière pour une analyse de ma voix, jugée d'une « gravité » peu excessive : des séances d'orthophonie doivent l'adoucir. Elle m'adresse à Lucile Girard-Monneron, spécialiste de la voix, notamment pour les personnes en phase de transition identitaire. J'ai débuté les séances avec cette orthophoniste dynamique et chaleureuse en septembre dernier. Les exercices s'enchaînent avec, parfois, cette impression très décevante que la voix reste toujours trop masculine. Dans les magasins, au restaurant, je fais très attention à l'adoucir, mais face à des personnes proches, comme ma famille, je suis moins attentive. Lucile Girard-Monneron me rassure puisqu'il faut compter, dit-elle, deux bonnes années pour un résultat convaincant. En ce mois de mars, elle trouve que je progresse. Je veux y croire.

Les hormones n'ont également aucune influence sur le visage. Or, les femmes ont des pommettes plus développées que les hommes et un visage plus arrondi. Elles ont aussi les sourcils plus hauts. Et pas cette fichue pomme d'Adam, si visible sur le cou masculin. Comme beaucoup de personnes transidentitaires, je suis convaincue que la féminisation du visage est un passage obligé. Je reprends donc rendez-vous avec ma chirurgienne de l'hôpital Tenon, également spécialiste des opérations du visage.

La Dr Sarra Cristofari me présente des photos « avant-après » de plusieurs de ses patientes. Le changement n'est pas flagrant, mais, comme elle le précise, « il ne s'agit pas de refaire [le] visage, mais de le rendre plus féminin ». Elle sourit : « Sans le vouloir, vous allez bénéficier d'un lifting puisque, pour remonter vos sourcils, il me faut décoller la peau et la tirer vers le crâne et les oreilles. » Après ma nouvelle naissance du 13 février, mon visage va donc rajeunir. C'est inattendu, mais je n'ai rien contre…

J'évoque alors une partie de mon visage que je ne trouve pas terrible : mes lèvres, à peine visibles, tant elles sont fines. J'essaie de les agrandir en faisant déborder le rouge à lèvres sur ma lèvre inférieure. Sarra Cristofari m'explique qu'elle ne pourra rien pour elle, mais qu'elle peut la rendre plus visible en remontant la lèvre supérieure avec des points de suture qu'elle cachera sous les deux narines. C'est déjà ça… Elle peut aussi quelque peu gonfler mes lèvres avec un peu de la graisse qu'elle doit prélever de mon ventre pour les pommettes et l'arrondi du visage. « Mais, me rassure-t-elle, je ne transformerai pas vos lèvres en bec de canard, comme certaines comédiennes ! » Et pour ma pomme d'Adam ? « On va attendre. D'abord, elle n'est pas très apparente, ensuite, la peau de votre cou et de votre visage va être tirée. On verra après l'opération ce que cela donne. La réduction de la pomme d'Adam est une petite opération que l'on pourra pratiquer dans quelques mois, quand la peau du visage sera stabilisée. »

Pour préparer l'opération, il faut réaliser radio et scanner du visage. En présentant ma carte Vitale, encore au nom de Bruno, je précise à l'accueil du centre d'imagerie médicale de Saint-Cloud que je ne possède toujours pas la carte correspondant à ma nouvelle identité, mais que j'aimerais être appelée « madame » lorsqu'on viendra me chercher dans la salle d'attente. Réponse immédiate : « Ne vous inquiétez pas, Madame, je préviens la radio et le scan », ce qui m'empêchera de subir cette humiliation publique du « mégenrage », pratique involontaire (ou non) qui consiste à se tromper de genre lorsqu'on s'adresse à une personne. Les deux manipulatrices radio m'appelleront bien « madame », malgré une carte Vitale sans rapport avec mon sexe et ma façon de m'habiller.

La violence du mégenrage m'a été imposée il y a cinq mois, la veille de ma vaginoplastie. Expérience que j'ai eu à cœur de raconter à l'audience du 5 février. Comme pour toute opération, il faut réaliser une batterie d'analyses sanguines, que j'ai l'habitude de faire au laboratoire de Suresnes. Pour la première fois, je m'y présente physiquement comme Béatrice. Mes cheveux mi-longs, mon maquillage, mon manteau ne prêtent à aucune confusion. Mon tour vient à l'accueil : « Ne vous inquiétez pas ; mon identité sera modifiée le mois prochain. Pour l'instant, je suis Bruno sur les ordonnances et la carte Vitale. » L'assistante prête à peine attention à ce que je lui dis. Et je précise : « Si vous pouviez faire en sorte que l'infirmière m'appelle “madame” et non “monsieur”, ce serait parfait. » Oui laconique. Le pire se produit cinq minutes plus tard : « Monsieur Denaes », appelle l'infirmière. Je quitte l'espace d'attente les jambes flageolantes, humiliée devant tous les autres patients qui attendent leur tour. « Pas monsieur, mais madame », dis-je à l'infirmière, une fois que je l'ai rejointe. « Ah oui », répond-elle simplement sans s'excuser. Une fois installée pour la prise de sang, je lui demande si elle connaît la question de la transidentité et de la dysphorie de genre. Elle marmonne un « oui » peu convaincant. La faute est bien celle de l'assistante de l'accueil qui a négligé ma demande par incompétence ou « je-m'en-foutisme », je n'ose imaginer un acte volontaire transphobe, mais, de son côté, l'infirmière ne formulera aucune excuse. Cela me révoltera encore plus.

Double ou triple peine pour moi, je suis contractée au maximum et mon cœur bat la chamade. Même si je redoute ce « pompage » sanguin, je dois reconnaître que la plupart des infirmières parviennent à le rendre quasi indolore. Pas cette fois-ci… Je n'ai jamais ressenti une telle douleur, au point que les larmes coulent. Pas la moindre empathie chez l'infirmière qui m'appellera deux fois « monsieur » au cours de l'intervention, en se reprenant, il est vrai.

Mais l'opération de réassignation demande aussi que l'on détermine mon groupe sanguin (c'est la cinquième ou sixième fois qu'il est déterminé. Je ne pense pas qu'il puisse changer entre-temps, mais c'est la procédure). Une autre infirmière arrive qui, voyant mon état, me propose gentiment un verre d'eau. Je lui raconte en tremblant ce que je viens de vivre. Elle prend l'initiative de s'excuser pour ses collègues, me pose une question sur l'opération et le choix de mon prénom. Sa prise de sang sera quasiment indolore…

En sortant de la cabine, je repasse par l'accueil pour « remercier » l'assistante de son tact et de son respect des autres. Toujours pas un mot d'excuse... C'est la première fois que je suis confrontée à une telle humiliation publique. Je suis d'autant plus choquée que tout le personnel médical que j'ai côtoyé a toujours été d'une bienveillance et d'une gentillesse exemplaires.

Jusqu'à présent, une carte d'identité non conforme à mon genre et mon apparence ne m'avait jamais posé de problème. L'après-midi, alors que j'entame la rédaction d'un mail à la responsable du laboratoire, le portable sonne. Coïncidence incroyable, c'est elle, alertée par une de ses infirmières. Elle présente ses excuses pour l'épisode du midi et dit comprendre ce que j'ai ressenti. Son intention est de discuter et de sensibiliser le personnel à la « bonne » attitude à l'égard des personnes transgenres. Je la remercie fortement, d'autant qu'elle devance la teneur de mon courrier qui soulignait l'importance d'une meilleure connaissance de la transidentité.

23-24 ans

Quatre mois après ce Nouvel An 1979, pour la première fois, mes parents vont faire la connaissance de Christine. Ce jeudi d'avril, Christine et moi avons quitté Lille à bord de ma vieille 2 CV. Son plancher est tellement rouillé que l'on peut voir la route en soulevant le tapis en caoutchouc. Il nous faut passer chez mes parents à Calais. Je dois prendre du matériel pour la soirée que j'organise pour mon anniversaire chez une amie. Maman trouvera Christine « charmante », tout comme mes amis calaisiens présents au Nouvel An. Cette soirée est chaleureuse et conviviale : buffet préparé par chacun d'entre nous, danse et musique avec nos amis guitaristes. Christine nous interprètera quelques morceaux au piano et à la guitare. Le lendemain, il fait plutôt froid en ce mois d'avril, mais nous sommes plusieurs à partir pour une grande balade sur la plage. Une balade vivifiante avec mes très chères amies Sylvie, Isabelle et Geneviève, avec qui je me sens très proche ; elles seront des amies de notre couple naissant, puis tout au long de notre vie. Isabelle me demandera d'être témoin de son mariage. Quant à Geneviève, nous la choisirons comme l'unique témoin non familial du nôtre ; c'est grâce à elle que nous nous sommes rencontrés.

Une passion commune nous soudera : la découverte du monde et les voyages. En ce premier semestre 1979, nous partirons trois jours à Londres pour une visite en amoureux, mais aussi en professionnel : ce séjour est également l'occasion d'un reportage pour *La Croix-Dimanche du Nord*. Un mois plus tard, nous passerons une semaine à Hambourg chez une amie de Christine. Et en juin, week-end à Amsterdam. Nous sommes très complémentaires : à moi l'organisation et un « repérage » très précis sur cartes, plans et guides, à Christine les contacts sur place et les traductions.

Juin sonne la fin de mes deux années à l'école de journalisme. Un voyage d'études clôt notre formation. Nous partons pour cinq jours en Aquitaine. Je garderai un goût amer de ce voyage. Nous logeons à l'auberge de jeunesse de Bordeaux. Ambiance très masculine dans le dortoir, où je ne me sens ni à l'aise ni à ma place. J'essaie de passer le plus inaperçu possible, mais je serai quand même la cible de moqueries et de harcèlements verbaux de la part de mes camarades les plus âgés, forts de leur virilité, de leur domination masculine et de leur amour pour l'alcool que je ne partage pas.

Puis vient le mémoire qui permettra l'obtention du diplôme de l'ESJ. J'ai choisi de travailler sur les pressions que subissent les journalistes. L'été qui suit m'envoie trois mois en remplacement à FR3, je fais également des reportages pour *La Croix-Dimanche du Nord* et nous passons avec Christine deux semaines de camping dans le parc national de la Vanoise. Plus adepte de la voile, elle découvre la randonnée en montagne.

Reste l'armée ! Étudiant, j'ai pu bénéficier du report d'incorporation au service national. Aujourd'hui, études terminées, je n'y coupe plus. Je suis convoqué début octobre à la citadelle de Lille, au 43e régiment d'infanterie, le régiment « chouchou » des Nordistes, notamment avec son orchestre de réputation nationale. Cette année militaire m'angoisse beaucoup. Comme la plupart des jeunes, je suis plutôt antimilitariste. Je crains l'enfermement dans une caserne, un monde viril, autoritaire et abrutissant, à des lieues de l'esprit de liberté, d'ouverture et de tolérance du journalisme. Je crains aussi l'éloignement de Christine que j'aime tant et qui m'apporte un véritable équilibre. Il m'est conseillé de mettre en avant mes compétences de batteur pour tenter d'éviter un service... trop militaire, même si je sais pertinemment que mon niveau musical est loin de celui de la plupart des musiciens du 43e RI.

Comme je m'y attendais, je suis éjecté dès le premier test musical et versé dans une section de soutien. Je redoute spécialement les deux premiers mois de classes, deux mois d'apprentissage militaire sans aucune permission de sortie de cette citadelle oppressante. Promiscuité dans un dortoir et dans des sanitaires aux grands bacs pourvus de vieux robinets rouillés et aux douches sans porte. J'ai l'impression de perdre toute âme humaine en devenant une sorte de robot aux mains d'êtres hurleurs au niveau intellectuel qui semble limité. Les garde-à-vous, les marches au pas, les marches avec sac à dos lourdement chargé, arme et chaussures qui provoquent de multiples ampoules douloureuses s'enchaînent sous les aboiements des sous-officiers. Je reconnais que je fais preuve d'assez mauvaise volonté, mais sans dépasser les limites qui pourraient me conduire aux arrêts. Finalement, je suis habilité à conduire des véhicules militaires légers et je ne tirerai jamais un seul coup de feu.

Je découvre aussi un monde peu familier, celui des camarades de section qui m'entourent et qui sont majoritairement de niveau scolaire très faible. Pas ou peu de diplômes, parfois quasi illettrés, ouvriers d'usine ou agricoles, petits boulots, etc. J'aime parler avec eux et je rentre dans des vies de galère, de pauvreté, d'alcoolisme ou de violences familiales. Mais aussi de gentillesse et d'attentions. De vraies gens du Nord avec « le soleil dans leur cœur », comme le chantait Enrico Macias...

Nous disposons d'une unique cabine téléphonique à pièces, très sollicitée, ou du courrier pour communiquer avec nos proches. Une journée « portes ouvertes » est heureusement organisée pour les familles d'appelés. Un dimanche de novembre, j'ai le plaisir de retrouver Christine, mes parents et ma sœur. Je ne suis pas très à l'aise de me présenter à eux dans cet accoutrement militaire que je déteste. Mais ils sont là, je peux les embrasser, leur raconter ma vie peu enthousiasmante et prendre des nouvelles de mes proches et du monde extérieur. Et c'est bien le principal.

À la fin des classes, certains appelés sont redistribués dans des unités non combattantes. Les gradés ont bien compris que j'y serai plus utile. Mais je me retrouve au foyer des troupes, autrement dit un lieu de détente avec buvette et petit bazar. Odeurs de bière, appelés et sous-officiers éméchés, plaisanteries graveleuses... Après avoir beaucoup insisté et mis en avant ma formation, je suis finalement intégré dans la cellule audiovisuelle du régiment, chargée de tourner des vidéos de formation. Je me sens revivre, même si l'uniforme et le monde militaires continuent de m'oppresser. L'ambiance est excellente et nos productions sont appréciées par nos camarades et nos officiers.

Un incident ternira mon optimisme. Un matin, je traverse la gigantesque place d'armes de la citadelle, totalement déserte à l'exception du colonel qui sort du bâtiment administratif. Arrivé devant lui pour le saluer, je lui tends la main : « Bonjour, mon colonel. Comment allez-vous ? » Hurlement : « Garde à vous ! » Je n'en reviens pas. Ce gradé, imbu d'une autorité liée uniquement à ses galons et ses hurlements, veut montrer qu'un petit appelé n'est pas à son niveau en imposant une distance stupide. Même si ce petit appelé contribue à l'information, la formation et la motivation de ses troupes. De plus, je l'ai déjà interviewé, je lui ai présenté certains projets. Ce matin-là, je serai renforcé dans l'idée que les militaires, du moins ceux que je côtoie, n'ont aucune valeur humaine et sont des imbéciles. Cet épisode si éloigné de mes valeurs me marquera.

En mai 1980, Radio France crée sa première radio régionale en obtenant la fréquence de la radio de FR3 Nord-Pas-de-Calais. Il y a quelques mois, j'ai été contacté pour faire partie de l'équipe de création… mais l'armée ne veut pas me libérer par anticipation. Énorme déception. Toutefois, Jean-Yves Le Huédé, le futur directeur, me propose de travailler à la pige le soir et le week-end.

Mes semaines sont un peu chargées, sans véritable repos : l'armée, Fréquence Nord, *La Croix-Dimanche du Nord*, mon mémoire de fin d'études, une UV de filmologie, en essayant de préserver un peu de temps pour Christine et mes parents. Mais je commence à être bien rodé à cette suractivité qui me permet d'oublier, autant que faire se peut, mon mal-être.

Le mois de septembre arrive enfin. Quelle belle journée ensoleillée que celle où je rends l'uniforme kaki mal taillé, le treillis trop grand et ces terribles chaussures de marche ! Je quitte ce monde quasi carcéral, aux libertés très surveillées, à la brutalité et à la vulgarité institutionnalisées. Un monde de testostérone, de virilité, de domination. Conscientes que cette année m'a été un fardeau, Christine et sa mère ont organisé dans leur grande maison une soirée surprise pour fêter mon retour dans un monde « normal » : la « soirée liberté », comme l'a intitulée Christine. La plupart de nos amis sont là. En ce début d'automne, la température est encore agréable et c'est dans le jardin que j'aurai la joie de les retrouver sous une belle et amicale ovation. Avec un excellent gâteau…

Revenir dans un monde « normal », c'est aussi trouver un emploi à temps plein.

Heureuse, mais...

Je décide de clore ma convalescence deux mois après l'opération, et ce, à l'issue d'une nouvelle semaine passée au Touquet sous un soleil radieux. Je sais bien que cette convalescence est très symbolique, du moins pour ce qu'elle devrait représenter d'absence d'activités. Quand on est à la retraite, comme je le suis depuis le début de cette année, la « reprise du travail » n'existe plus puisque l'on est censé ne plus travailler. Or, cette fin de convalescence signifie que, justement, je vais me mettre à l'œuvre pour reprendre des interventions dans les écoles de journalisme ou des formations à destination de professionnels. Je veux une retraite active pour continuer à mettre mon expérience au service des plus jeunes.

Il y a quelques jours, j'ai rencontré Sibyle Veil, la présidente de Radio France. Nous devions nous revoir après l'opération de réassignation pour évoquer de nouvelles pistes de collaboration. Je sais que nous ne pourrons discuter que vingt à trente minutes, tant son emploi du temps est chargé. C'est la première fois que je retourne à Radio France depuis ma vaginoplastie. J'arrive très en avance, afin de rendre une petite visite à mon ancienne équipe de la médiation et à ma successeure. Je rencontre nombre de personnes qui connaissaient bien Bruno, mais pas Béatrice. Bises, félicitations, un moment de grande gentillesse et de questionnements à propos de l'opération, de mon moral : « Tu es vraiment radieuse ! »

Sibyle Veil m'accueille dans son grand bureau face à la Seine. Elle m'embrasse, me félicite également et commence à m'interroger sur mon histoire, mon mal-être, la transidentité, etc. Une curiosité vraiment profonde pour mieux connaître et comprendre la situation des personnes transgenres. Tant et si bien qu'une heure passe… « Merci pour cette discussion passionnante. Je suis désolée, on n'a même pas eu le temps de parler de tes projets. Envoie-moi un mail avec tes idées. » Ce que je ferai peu après avec des propositions concernant notamment la formation, l'éthique et la diversité qu'elle s'engagera par retour à évoquer avec les responsables concernés.

Ce mois de mars est celui de mes 63 ans. Parmi les cadeaux, je serai touchée par ceux très féminins de deux amies, Véronique et Christine, qui m'offrent chacune un collier, et celui de ma fille, un splendide bracelet de Stratos, un artiste que j'aime beaucoup. Quant à ma belle-sœur, Sylvie, elle m'offre un très beau foulard, mon premier, avec des motifs modernes, et du maquillage.

Même si mes journées sont bien remplies par l'écriture de mon histoire, les démarches administratives, les rendez-vous médicaux, je sens de plus en plus un manque. J'ai toujours autant de difficultés avec les critiques, moi qui fais tant d'efforts pour les éviter. Ma femme me surnomme « Oui-Oui au pays magique », parce que je veux construire un univers parfait, où tous ceux que je côtoie seraient heureux. Utopique, mais cela a toujours fait partie des buts de ma vie familiale, amicale et professionnelle. Certainement parce que ce bonheur que je voulais pour les autres m'était inaccessible dans ma « configuration » masculine.

Et il suffira d'un rien pour que, d'un coup, tout mon monde s'écroule lors de notre séjour touquettois. Une remarque et je craque… Moi, la personne la plus heureuse au monde, j'ai l'impression de ne plus être aimée. Je suis face à un mur infranchissable. Les idées noires me rattrapent.

Des discussions avec mes enfants m'amènent à comprendre cette grosse déprime : alors que j'ai enfin atteint un bonheur que, tout au long de ma vie, j'ai cru inatteignable, je perds celui qui m'avait permis de « survivre », mon travail. Le travail, c'était ce bonheur de parler au micro, de raconter l'actualité aux auditeurs, de les ouvrir au monde qui nous entoure, mais aussi de retrouver tous les jours mes équipes. J'ai animé, en tant que rédacteur en chef, une rédaction dans les radios locales de Radio France ou la matinale de France Info, puis, en tant que secrétaire général, géré toutes les équipes de journalistes de la radio d'information en continu, et terminé ma carrière à l'un de mes plus beaux postes, celui de médiateur des antennes. Les journées étaient souvent très longues, pas toujours faciles, mais quel plaisir de travailler en équipe, pour une activité valorisante, constructive, enrichissante… Tout cela est terminé et un vide profond s'est installé en moi, alors qu'il me faut trouver également un équilibre dans ma nouvelle vie réelle de femme face à des incertitudes pesantes : je n'ai toujours pas mes papiers d'identité ni ma carte Vitale, je ne suis pas assurée de reprendre des activités de formation à la rentrée…

Ce séjour au Touquet est aussi difficile parce que je me suis promis de profiter de cette escapade dans ma région pour présenter Béatrice à mes parents. Non que je craigne leur réaction, ils sont décédés depuis les années quatre-vingt, mais le moment est fort, purement symbolique, mais fort… Il me faut vraiment aller au cimetière de Calais, y fleurir leur tombe et leur « montrer » leur nouvelle fille, tellement heureuse. J'ai besoin de Christine pour ce rendez-vous « familial ». Toutes les deux, nous resterons quelques minutes face à cette tombe simple avec une pensée profonde pour des parents qui me manquent depuis si longtemps et à qui je n'ai jamais pu me confier. Le soir même, ma sœur m'écrira : « Je suis sûre que Papa et Maman seraient fiers de ton combat. »

Et, je l'avoue, j'ai toujours peur de perdre le troisième bonheur de ma vie qui, lui aussi, m'a permis de « survivre » : ma famille, à qui j'ai imposé une forme de cataclysme.

Inquiets, Christine et nos enfants veulent absolument que j'ai un suivi psychologique. Je prends contact avec Jennifer Huet, la psychologue du service de chirurgie plastique de l'hôpital Tenon. J'apprends que depuis le déménagement du service de l'hôpital Saint-Louis vers l'hôpital Tenon, certaines prestations tardent à être remises en route. Ainsi, je n'ai pas bénéficié de sa visite lors de mon hospitalisation, ni des réunions préopératoires qu'elle organise.

Il me revient à l'esprit ce conseil de mon psychiatre « référent », le Dr Cordier : après cette opération, aussi lourde sur le plan médical et psychologique, il est souhaitable d'être suivie. Tout à notre bonheur enfin obtenu, nous en arrivons à oublier, mais pas notre esprit, que nous faisons un saut gigantesque en passant d'un sexe à un autre, même si, d'une certaine façon, nous y étions déjà depuis tant d'années. Quant à moi, je cumule retraite et arrêt des activités professionnelles. « Vous avez perdu une forme de pouvoir », m'indiquera Jennifer Huet. C'est vrai, même si j'ai toujours refusé un pouvoir autoritaire et arbitraire, pas dans ma nature, au profit d'un « pouvoir » bienveillant et constructif : depuis l'âge de 29 ans, j'ai animé et géré des équipes, en privilégiant l'écoute, les conseils, l'amélioration des compétences et le bonheur au travail.

Une de ces équipes est celle de France Info que je retrouve avec bonheur à l'occasion de la publication des audiences de la radio. Les chiffres d'avril qui portent sur le premier trimestre sont excellents pour France Info et sa matinale qui a fait un bond exceptionnel avec un gain de 150 000 auditeurs en un an grâce à Marc Fauvelle, le présentateur fil rouge.

Vincent Giret, le directeur de France Info, m'a convié au pot organisé ce midi pour fêter ces résultats avec toute l'équipe. C'est la première fois que je remets les pieds dans mon ancienne radio depuis août dernier et, surtout, depuis mon coming out annoncé par mail. Je suis très intimidée, d'autant que j'aurais dû y revenir plus tôt, en janvier, à l'occasion du pot de départ d'un de mes anciens collègues du comité de direction. Il avait eu la gentillesse de m'inviter en disant que ce serait aussi l'occasion de me présenter dans mon nouveau physique tout en me précisant : « Je dois te dire deux choses. La première, pas très agréable : il y a des personnes à la rédaction qui redoutent ta présence. La peur de ne pas savoir se comporter face à toi (hélas, je suppose que tu connais déjà ça). Il y en a même plusieurs qui m'ont dit que venir les mettrait trop mal à l'aise… La seconde, pleine de bienveillance : si c'est ton choix d'affronter le regard de ces dizaines d'anciens collègues (et il n'est pas facile ce choix, j'imagine), je le respecte et je vais tout faire pour que ça se passe bien ! » Jamais je n'aurais imaginé que, dans ce qui a été « ma » radio pendant plus de vingt-cinq ans, des journalistes, donc des professionnels normalement tournés vers les autres, vers la tolérance, le respect de la différence, vers un monde qui évolue, puissent avoir une telle attitude de rejet. Ma décision est prise : « Je ne viendrai pas. […] Comme quoi, il y a encore beaucoup à faire pour lutter contre la transphobie. » Ce rejet m'a vraiment beaucoup affectée, tellement il était inattendu…

Quatre mois plus tard, donc, la direction de France Info m'accueille avec enthousiasme. Journalistes, techniciens et administratifs sont déjà rassemblés dans le hall d'entrée. J'essaie de me faire discrète, mais nombreux sont celles et ceux qui me font un petit signe ou un grand sourire, avant que Vincent Giret prenne la parole pour détailler les chiffres d'audience et féliciter toute l'équipe. Il termine son intervention pour me présenter dans ma nouvelle version et mon nouveau prénom. Ses paroles, très chaleureuses, sont suivies d'applaudissements. J'aurais aimé prendre la parole pour remercier de vive voix toutes celles et ceux qui m'ont envoyé des messages très amicaux après mon coming out de janvier et mon opération de février. Je le ferai directement auprès de celles et ceux qui viennent me faire la bise, parfois me serrer très amicalement dans leurs bras et discuter. Que ce moment a été superbe de gentillesse, d'attentions et de… curiosité !

En ce début du mois de mai, je retrouve, petitement, mais avec un grand bonheur, le monde professionnel. Me revoilà au CLEMI, le Centre pour l'éducation aux médias et à l'information, une émanation très efficace et nécessaire du ministère de l'Éducation nationale. Je suis invitée à participer au jury du concours Zéro Cliché, qui œuvre pour l'égalité filles-garçons, avec des représentants de différents médias et ministères, d'associations et d'enseignants. J'y retrouve avec plaisir la déléguée à l'égalité des chances de Radio France, Sophie Coudreuse. Avant que ne débute la séance de sélection des réalisations scolaires contre les préjugés et les stéréotypes, elle me présente à un autre membre du jury et lui raconte toutes les actions que nous avons menées ensemble, lorsque j'étais médiateur des antennes de Radio France. « Non, médiatrice ? », reprend la personne. Amusée, Sophie me regarde et j'explique alors que j'étais bien « médiateur homme » jusqu'à l'année dernière, que, depuis, je suis devenue la femme que j'aurais toujours dû être. Et la conversation se poursuit…

Par-delà cette remarque, judicieuse, je me sens confortée dans mon statut et mon apparence de femme. Et cela me rassure. C'est la première fois que, femme, je me trouve dans une assemblée de personnes que je ne connais pas. Et, dans quelques minutes, je vais devoir me présenter publiquement lors du traditionnel tour de table. Toujours prévoyante, j'ai réfléchi à la façon de le faire. Je ne peux pas me contenter d'un « Bonjour. Béatrice Denaes, journaliste ». Et encore moins d'un « Béatrice Denaes, journaliste retraitée ». Je me dois de légitimer ma présence par une expérience et une expertise dans le domaine propre à ce jury. Voici mon tour. Je me lance : « Bonjour. Béatrice Denaes, journaliste, formatrice, ex-médiateur des antennes de Radio France et ex-membre du Comité diversité. Ne soyez pas étonnés ; j'étais jusqu'à l'année dernière Bruno Denaes et, depuis, j'ai changé de sexe et de prénom. » Sourires amicaux ou complices de l'assemblée, évidemment « ouverte » à cette situation.

24-29 ans

Fin 1980, à mon retour à la vie civile, j'espère évidemment un poste à Fréquence Nord. Malheureusement, ils sont tous pourvus. Va pour un job de pigiste, cette fois « permanent » : le travail est le même qu'un titulaire, mais sans sécurité de l'emploi et avec un salaire bien inférieur. Les titulaires ne sont pas assez nombreux pour assurer les six journaux de la matinale et de la journée, les flashs et les reportages et j'accepte avec plaisir cette proposition. J'aime cette radio pionnière, moderne, la première en France à faire de l'information régionale de manière « autonome », dont la moyenne d'âge tourne autour de la trentaine.

En ce début d'année 1981, nous commençons à parler mariage, surtout Christine. Ses parents n'accepteront jamais que nous vivions ensemble sans être mariés. Même si elle vit de manière quasi permanente dans mon petit appartement HLM tout neuf... Mais dans les familles catholiques, il faut respecter les règles religieuses. Pour ma part, le principal est que nous nous aimions, que nous ayons des projets de vie semblables, comme fonder une famille, et que nous ayons des passions communes, comme l'ouverture aux autres avec nos amis et nos activités, et au monde avec les voyages. Nous avons aussi des contraintes professionnelles qu'il nous faut mutuellement respecter : travailler les samedis, les dimanches de garde pour Christine, travailler à 3 heures du matin ou jusqu'à minuit, le week-end et être appelé la nuit pour moi. Le reste n'est pas indispensable. Mais je sais qu'un mariage fera plaisir aussi à mes parents. La date est fixée au 20 juin. Nous avons décidé de déroger à la sacro-sainte formule des faire-part de l'époque, où « Monsieur et Madame X sont heureux de vous annoncer le mariage de leur fille le… », estimant que cela nous revient. Ce sera donc : « Christine et Bruno vous invitent à partager leur bonheur et celui de leurs parents le samedi 20 juin 1981… » Nous y ajoutons une citation du philosophe Roger Garaudy. Je n'ai pas de sympathie particulière pour ce personnage qui, à la sortie de la guerre, se disait « stalinien de la tête aux pieds ». C'est sa vision de l'amour que je trouve très belle : « L'amour commence lorsque l'on préfère l'autre à soi-même, lorsqu'on accepte sa différence et son imprescriptible liberté. Accepter que l'autre soit habité par d'autres présences que la nôtre, n'avoir pas la prétention de répondre à tous ses besoins, à toutes ses attentes, ce n'est pas se résigner à l'infidélité à notre égard, c'est vouloir comme la plus haute preuve d'amour que l'autre soit d'abord fidèle à lui-même. » Ces mots, qui signifiaient avec force combien notre amour était attentif à la personnalité de chacun de nous, peuvent résonner aujourd'hui comme prémonitoires. Il est fort probable que, de manière inconsciente, ils avaient un sens plus profond encore pour moi.

La matinée s'ouvre sur un ciel voilé qui n'entame nullement notre bonheur. Le parrain de Christine, un médecin adorable d'attentions et d'humour, grand ami de mon beau-père, s'est proposé d'être notre chauffeur à bord de sa rutilante SM Maserati. Premier rendez-vous à 11 heures à l'hôtel de ville de Lille. Christine, jolie frange sur le front, est radieuse dans son ensemble blanc. Le mariage civil est célébré par un autre ami du père de Christine, adjoint au maire Pierre

Mauroy. Lui aussi a beaucoup d'humour et l'ambiance est chaleureuse.

L'après-midi, nous nous rendons au couvent des Dominicains qui nous ouvre son église, moderne et lumineuse, pour le mariage religieux célébré par un de mes amis calaisiens, Charles Legrand, prêtre dynamique et ouvert qui avait accompagné notre groupe musical Joie et Rythme. Là encore, nous ne suivons pas les normes. Après notre entrée sur le *Canon* de Pachelbel, choisi par Christine, vêtue cet après-midi d'une magnifique robe blanche de mariée, nous nous plaçons face à l'assistance et non face à l'autel, comme le veut la tradition. Puis, je prononce des mots d'accueil pour notre famille et nos amis, venus nombreux nous accompagner dans notre engagement. Deux amis de Joie et Rythme, Patrick, le chanteur soliste, et Didier, le guitariste choriste, assurent la partie musicale. Des amis viennent témoigner et le sermon de Charles, avec qui nous avons fait la préparation du mariage, est très personnalisé. De même que notre engagement… Je viens de le relire et, trente-huit ans plus tard, je me réjouis de constater que nous lui avons été plutôt fidèles : « […] Notre amour ne devra pas inciter au renfermement sur nous-mêmes. Il devra refuser égoïsme et vie tranquille pour une ouverture toujours plus grande aux autres, en œuvrant en permanence à plus de paix, d'amour et de justice. Nous accueillerons les enfants qui pourront naître de notre union. Nous les éduquerons avec nos convictions humanistes. […] Nous ferons tout pour que notre amour progresse et grandisse en permanence. Dans les difficultés, l'un apportera soutien et compréhension à l'autre. »

Je ne prononcerai jamais le nom de Dieu, ayant définitivement conclu qu'il n'existait pas. En revanche, je reste très sensible à l'esprit chrétien d'origine : l'amour des autres, la tolérance, l'ouverture à la différence, l'humanisme… Pour le reste, la religion représente une forme d'« opium du peuple », avec de terribles dérives, comme le sectarisme, l'intolérance, la domination, le machisme, la violence ou les horreurs que l'histoire nous impose de ne pas oublier, horreurs bien éloignées des principes originels des religions : l'Inquisition, la Saint-Barthélemy, les pogroms, les ghettos et l'antisémitisme, et, plus près de nous, la guerre au Liban, les Territoires occupés, les massacres en ex-Yougoslavie ou le djihadisme.

Une salle du couvent nous a été réservée pour trinquer à notre union. Tous mes collègues de Fréquence Nord n'ont pu venir, mais tous ont enregistré un petit mot sympa. Le dernier message est celui du directeur : « Mon cher Bruno, nous te souhaitons tous, à toi et à Christine, le plus grand bonheur possible, mais je dois le dire, tu gardes une maîtresse très jalouse : la radio. » Jean-Yves ne peut pas mieux dire. La soirée sera belle, la nuit courte : le lendemain de ce 20 juin 1981 est, bien sûr, le 21, mais surtout le jour du second tour des élections législatives. Un événement politique majeur après l'élection, le 10 mai dernier, de François Mitterrand, premier président socialiste de la Ve République. La France va-t-elle basculer à gauche ? Le journaliste que je suis ne veut absolument pas manquer un tel moment historique. En ce premier jour de « mari et femme », j'« abandonne » donc Christine pour rejoindre ma « maîtresse ». J'ai la chance d'avoir été choisi pour faire vivre sur l'antenne la journée et la soirée électorales au siège de la Fédération socialiste du Nord, la plus puissante de France, mais surtout celle du nouveau Premier ministre, Pierre Mauroy, nommé après le fameux « 10 mai » et la dissolution de l'Assemblée nationale. Est-il assuré de garder son poste ? Au fil de la soirée, les chiffres grossissent pour la « majorité présidentielle » et l'ambiance est de plus en plus euphorique au siège lillois du PS. Finalement, le Parti socialiste et ses alliés obtiendront la majorité absolue à la Chambre des députés.

Cette victoire de la gauche nous offrira notre plus beau cadeau de mariage : mon embauche à Fréquence Nord. Le gouvernement a décidé de contraindre les entreprises de service public à régulariser la situation des emplois précaires « permanents ». En juillet, je signe un contrat à durée indéterminée avec Radio France. Et nous partons pour notre voyage de noces en Grèce. Nos moyens sont limités : Christine finit ses études et mes revenus de pigiste sont faibles. En voiture, nous traversons l'Allemagne, l'Autriche et la Yougoslavie et dormons sous la tente.

En cette rentrée 1981, et ses études achevées, Christine doit maintenant rédiger sa thèse pour l'obtention du doctorat en pharmacie. Par ailleurs, elle a trouvé un emploi dans une grande officine du centre de Lille. Quant à moi, désormais titulaire, ma vie professionnelle ne change pas vraiment, si ce n'est que je me spécialise dans les sujets politiques et sociaux.

L'année suivante, avec nos premières économies, nous pouvons enfin commencer la découverte du monde, dont nous rêvions tant. Ce sera le Kenya, ses animaux sauvages et l'extraordinaire tribu des Massaïs. Nous rentrons émerveillés de nos safaris-photos et nous nous promettons d'y amener les enfants que nous espérons bien avoir. Un espoir qui sera difficile et long à concrétiser. Au point de craindre que l'un de nous deux soit infertile. Diverses analyses médicales nous rassurent. C'est pourtant à ce moment que mon mal-être reprend le dessus. Les samedis où Christine est à la pharmacie, je lui emprunte sous-vêtements et jupe ou robe pour me sentir, l'espace de quelques heures, bien dans ma tête.

Témoigner pour lutter contre la transphobie

« J'ai eu du mal à me décider à t'écrire, tellement j'ai mal vécu la discussion que j'ai eue hier. Je ne pensais pas devoir subir une telle intransigeance. Avec beaucoup de tristesse, nous allons donc abandonner ce superbe projet que tu m'avais proposé. J'en suis désolée et “malade” pour toi, qui avais de belles idées pour ce documentaire. Mais il est vrai que je ne sentais pas non plus une totale adhésion de ma famille à ce projet. Je pensais pouvoir infléchir leurs souhaits ; en vain. Je ne veux pas aller jusqu'à poser plus de problèmes à ma famille. » C'est avec un vrai déchirement que j'envoie ce mail à Hélène Lam Trong. Elle est venue filmer les premières images de ma nouvelle naissance, le 13 février, pour réaliser un documentaire sur mon histoire. Cette idée m'enthousiasmait. Je souhaite vraiment rendre plus visible la question de la transidentité, expliquer notre vécu, nos souffrances, mais aussi ce bonheur de vivre sa transition et d'arriver enfin dans le « bon » sexe. Toujours ce souci de pédagogie, d'explication, d'ouverture pour éviter que la méconnaissance et l'incompréhension conduisent à la transphobie.

Ce projet s'est un peu compliqué quand Hélène a cherché les financements. Les producteurs n'étaient pas contre, mais un seul angle les intéressait : le portrait d'une personne adulte transidentitaire non pas « seule », mais au milieu d'une famille. Ce sujet n'a jamais été abordé ainsi, hormis avec de jeunes adolescents transgenres et leurs parents. Et, assez souvent, la révélation de sa transidentité et de sa dysphorie de genre conduit à un divorce et à des relations difficiles, sinon perdues, avec ses enfants. En tant que journaliste, je peux comprendre la position des producteurs, mais cet angle plus original change beaucoup de choses pour ma femme et nos enfants, qui avaient donné leur accord pour le premier projet dans lequel ils seraient très peu apparus. La nouvelle orientation les gêne : la caméra sera beaucoup plus présente. Mais je sais qu'Hélène est une réalisatrice non intrusive et respectueuse des personnes qu'elle rencontre. Pour rassurer ma femme et nos enfants, je propose qu'ils déjeunent ensemble, sans moi, afin qu'elle leur présente dans le détail son projet. Mais, face aux multiples restrictions de ma famille, je me rends compte que le tournage sera impossible.

Parallèlement au mail à Hélène Lam Trong, j'en adresse un autre à nos enfants pour clore le débat : « Avant de faire le deuil de ce beau projet et de ne plus en parler, je voulais simplement vous redire tout l'intérêt que je lui trouvais : rendre visible grâce à l'audience de la télévision, une situation encore mal connue, mal acceptée, qui conduit à des rejets dans la société et dans les familles, d'où le fait que nous soyons la population au plus fort taux de suicide. C'était l'occasion de montrer avec passion et courage qu'avec de l'amour, de l'ouverture d'esprit et une famille et un milieu professionnel bienveillants, la transidentité n'est pas monstrueuse, qu'elle ne doit pas se cacher, qu'elle peut exister au grand jour. Un peu comme ce fut le cas pour l'homosexualité, plus on parle, plus on explique et plus l'acceptation s'opère. Dans la nature humaine, on rejette souvent ce que l'on ne connaît pas et qui fait peur.

Ce projet aurait aussi pu donner de l'espoir à toutes celles et tous ceux, jeunes ou moins jeunes, qui, comme je l'ai vécu, craignent de faire leur coming out familial ou professionnel de peur de perdre leur famille ou d'être marginalisés au sein de leur univers professionnel. Maman, par exemple, était très en quête de témoignages de femmes vivant la même situation que la sienne. Le Comité diversité de Radio France attachait aussi beaucoup d'importance à ce projet, notamment parce que votre soutien, que j'évoque régulièrement, était une véritable forme d'espoir pour celles et ceux qui, souffrant de dysphorie de genre, souffrent encore plus de ne pas oser en parler.

Évidemment, je peux comprendre votre rejet de ce projet et la crainte de vous exposer forcément publiquement. Il ne s'agissait pas non plus de l'accepter pour "me faire plaisir", sans un véritable enthousiasme et une volonté personnelle de contribuer à faire sortir de l'ombre une souffrance "minoritaire", donc négligée.

Évidemment, cela ne va pas m'empêcher de continuer personnellement à me battre pour rendre visible cette réalité et aider celles et ceux qui en souffrent. »

Coïncidence, nous sommes en pleine période où la transphobie est abordée par tous les médias à la suite de l'insupportable agression de la jeune transgenre Julia, attaquée verbalement et physiquement par des participants à la manifestation parisienne contre le président algérien Bouteflika. Elle est bousculée, giflée, insultée, simplement à cause de son apparence. Et non moins choquant : les agents de la RATP, venus l'extraire de l'agression, l'ont appelée « monsieur ». Quelques jours plus tard, une manifestation de soutien à Julia et de lutte contre la transphobie est organisée à Paris. France Inter me contacte pour raconter d'éventuels actes transphobes dont j'aurais pu être victime. Heureusement, à ce jour, cela n'a pas été le cas, hormis ce pénible et régulier mégenrage. Mais on est loin des agressions physiques qu'ont dû affronter de nombreuses trans. La journaliste me propose alors de simplement témoigner. Je n'ai évidemment rien contre, mais je trouve qu'il est préférable de donner la parole à des victimes.

Deux semaines plus tard, Mathilde Dehimi, reportrice au service informations générales, me contacte pour un reportage destiné au « Zoom de la rédaction », ce mini-magazine d'actualité diffusé dans la matinale la plus écoutée des Français. Elle voudrait que je raconte mon histoire avec, si possible, le témoignage de ma famille. Notre fille accepte immédiatement. Christine, qui n'a jamais répondu à une interview, est de nouveau très réticente, sans, toutefois, s'y opposer formellement ; elle a envie de réfléchir d'ici le jour de l'enregistrement.

Ce matin-là, Mathilde vient chez nous ; pour rendre plus vivant son reportage, elle tient à enregistrer des sons d'ambiance. Nous prenons le temps de discuter et Christine accepte finalement de témoigner, à condition qu'on puisse « tout effacer si [elle n'est pas] bonne ». Elle a préparé quelques notes sur un petit carnet. Pour la première interview de sa vie, Christine se débrouille à merveille et me touche par l'amour qui s'en dégage : « Petit à petit, elle m'a dévoilé sa transidentité, dont je ne m'étais jamais rendu compte. Cela a été un tsunami pour la famille et pour moi. Il faut passer d'un mari à quelqu'un de différent ; c'est compliqué. Mais cela fait son chemin. J'estime que c'est une épreuve d'amour. » Pour m'interviewer, nous irons dans notre dressing au milieu de mes nouveaux vêtements féminins qui ont pris la place de tous ceux, masculins, dont je me suis définitivement débarrassée. Nous nous rendrons ensuite dans mon bureau pour jeter un œil à mes photos : celles que je n'aime pas de moi garçon et celles que j'aime, malgré tout, parce que je suis au milieu de ma famille lors des nombreux voyages que nous avons faits ensemble. Et nous terminerons dans le jardin sous le beau soleil de ce mois de mai pour une séance photo afin d'illustrer le reportage sur le site de France Inter. Le genre de photos que, désormais, j'apprécie, car c'est ma « vraie » personne qui est captée.

Dans la foulée, Mathilde Dehimi rejoint notre fille à son travail. Témoignage touchant que je découvrirai à la diffusion du reportage : « Il y a eu de la surprise, de la colère. Cela m'a un peu frustrée qu'on n'en ait pas parlé auparavant. Je me suis beaucoup appuyée sur mon fils de 3 ans et demi. Il n'a jamais appelé son grand-père "Papy", mais "Dada". Il comprend très bien la situation ; il faudrait qu'on s'appuie plus sur la vision des enfants, car, pour eux, il n'y a pas de conventions sociales. Il a un grand-père qu'il aime très fort et pour lui, cela ne change pas grand-chose qu'il, qu'elle ait une apparence masculine ou féminine. »

Ce reportage va toucher énormément de personnes qui le feront savoir sur les réseaux sociaux ou me l'écriront. Des auditeurs s'adressent à France Inter : « J'ai ressenti une intense et belle émotion ce matin en écoutant votre radio. Je ne suis pas concernée par le sujet, mais il fait appel à mon humanité et c'est si bon de la ressentir. [...] Le témoignage de sa fille et de sa femme est fabuleux. Merci de nous proposer ces ouvertures » ; « Bravo à elle de partager son histoire » ; « C'est vraiment beau ; ça fait plaisir d'entendre autant de bonheur dans sa voix et autant d'amour dans celle de ses proches » ; « C'était très émouvant de vous entendre, ainsi que votre femme et votre fille ce matin... Je suis sûre que vous êtes très inspirante pour beaucoup... »

D'autres messages d'amis ou de connaissances plus ou moins éloignées me parviennent directement : « Ce petit mot pour te dire combien ton témoignage entendu ce matin me touche. C'est émouvant pour moi, car nous accompagnons en ce moment l'aîné de mon mari dans ce parcours. La dysphorie de genre est une grande aventure familiale et, à distance, sache que ton expérience est un soutien pour nous » ; « Vos témoignages à vous trois sont magnifiques, honnêtes aussi sur la joie et la difficulté d'un tel parcours » ; « Ton choix est une gifle pour nous, pétris de stupides certitudes. Je suis très heureux pour toi dans ta nouvelle vie » ; « Un seul mot : respect. Respect de dire sans fard qui tu étais et qui tu es aujourd'hui ! » ; « C'est forcément une épreuve pour tout le monde à différents degrés, mais nous la surmonterons ensemble et nous sommes ravis que tu te sentes si épanouie et heureuse ».

Les seuls messages quelque peu étonnants viendront de militants qui s'insurgent sur Twitter contre le fait que mon ancien prénom (je découvre que l'on parle, en bon français, de « dead name ») ait été cité ou que l'on ait parlé de changement de sexe. Difficile de me présenter sans dire qui j'étais auparavant ! Qu'on le veuille ou non, j'ai vécu une vie antérieure qu'il serait ridicule d'occulter. Le summum du militantisme un peu borné ira jusqu'à me présenter, toujours sur Twitter, comme l'« ex-médiatrice de Radio France ». C'est très gentil, j'aurais aimé que ce soit vrai, mais la réalité est malheureusement la réalité : je suis l'ex-médiateur. L'ancienne ministre écologiste, Cécile Duflot, l'exprimera bien par cette réponse : « Quand vous dites "ancienne médiatrice", alors que tous les auditeurs se souviennent d'un médiateur, c'est compliqué à comprendre. » Et elle ajoute : « Je ne sais pas ce qui était maladroit, mais j'ai été très émue par ce que dit sa fille et, encore davantage, sa femme, qui l'est restée après sa transition. Le chemin de Béatrice est naturel, mais réussir à le vivre à ses côtés de cette façon, c'est assez bouleversant. » Quant à ceux qui protestent contre « le changement de sexe » évoqué par France Inter, je ne comprends toujours pas pourquoi cette expression est taboue dans le langage militant trans. Oui, je voulais ardemment ce changement de sexe. Et je l'ai pleinement et consciemment réalisé. Je me sens largement et étymologiquement plus transsexuelle que transgenre. Après tant d'années dans le mauvais corps, il me fallait être pleinement femme, me sentir femme, dans le corps d'une femme. Il me fallait suivre ce traitement hormonal contraignant et passer par la difficile opération de vaginoplastie. Une fois encore, pourquoi le militantisme devrait-il imposer une seule approche d'une situation ? Et fustiger celles et ceux qui ne sont pas dans les normes souhaitées ? Chacun doit être libre de vivre sa transidentité comme elle ou il l'entend. Changer de sexe ou, simplement, changer de genre…

Ce « Zoom de la rédaction » de France Inter va susciter des idées. Coup de fil dans l'après-midi de la rédaction nationale de France 3. Il m'est proposé d'être l'invitée du « Grand témoin », une chronique-interview diffusée dans le « 19-20 », le grand journal du soir. Peu après, c'est Daniel Morin, l'un des humoristes de France Inter, qui me propose d'intervenir avec lui le jeudi suivant lors de la grande soirée organisée à Radio France, avec l'association l'Autre Cercle et le journal économique *La Tribune*.

Réaction de fille, dirons certains, mais j'en suis fière : je m'affole en me disant que « je n'ai rien à me mettre ». Il est vrai que ma garde-robe n'est pas des plus fournies ; je ne suis femme au quotidien que depuis septembre dernier, il y a huit mois. Je file à La Défense pour une opération shopping. Dire que je détestais cela dans ma vie d'avant… Désormais, c'est un vrai plaisir de fureter dans les boutiques. Je me laisserai séduire par deux tuniques sympas et colorées, un chemisier aux lignes bleu clair, une jupe d'été de la même couleur et un pantalon fluide bleu aux petits motifs blancs.

La journaliste Charlotte Gillard m'accueille chaleureusement dans les immenses locaux de France Télévisions et m'introduit dans une petite pièce en s'excusant du côté quelque peu archaïque et étonnant de cet endroit qui tient lieu de studio. Il est vrai qu'il s'agit d'un local de stockage de dossiers. Les étagères et le sol ont été couverts de tissu noir. L'éclairage est minimaliste, mais offrira une belle image. Les techniciens me saluent. Pour plus de spontanéité, Charlotte Gillard préfère ne pas aborder les thèmes de l'interview pendant les réglages. Je réponds pendant une heure et quart à toutes ses questions. Je sais que le travail de montage sera difficile, car elle ne dispose que de trois à quatre minutes environ pour sa chronique. Mais elle a voulu explorer tous les aspects de ma vie et de ma transidentité avec des questions bienveillantes et intelligentes ; je sens bien son souci de faire comprendre la réalité peu connue des « trans », leur souffrance et le bonheur de la transition vers leur nouvelle naissance.

Une semaine plus tard, Charlotte me prévient que le « Grand témoin » qui m'est consacré sera diffusé ce soir du 22 mai. La rédaction en chef de France 3 a choisi à bon escient le jour du procès de l'agresseur de la jeune trans Julia Boyer. La chronique est donc lancée après le direct du Palais de justice de Paris qui relate l'audience où l'agresseur transphobe a été condamné à dix mois de prison, dont quatre avec sursis. À propos de ce procès, je serai profondément choquée d'apprendre le lendemain sur des sites d'information que, contrairement aux avocats et à la procureure, le président de l'audience n'a cessé d'appeler la victime, Julia, sous son identité masculine et en employant plus souvent le pronom « il » que « elle » pour la désigner. Encore un exemple insupportable de mégenrage, indigne d'un représentant de la justice ; comment peut-on être à ce point ignorant de l'humiliation que peut ressentir une personne transidentitaire nommée sous une autre forme que celle de son genre ?

27-33 ans

Le passage de l'année 1983 à 1984 est un petit moment de bonheur. La soirée du Nouvel An a pour thème le Moyen Âge. Pour ma part, je n'ai jamais organisé de soirées déguisées, je déteste cela. Je suis bloqué par ma timidité et la crainte d'être la risée de l'assistance. Je cherche par tous les moyens à me défiler, mais Christine est enthousiaste. Et me vient l'idée que ce pourrait être l'occasion de m'habiller en femme sous des allures de noble moyenâgeux... Christine me prête un collant épais jaune, une tunique écrue et un gilet style berger du Larzac, à la mode dans les années soixante-dix. Avec des espadrilles aux pieds et un chapeau en toile marron, oui, cela donne une allure plus ou moins moyenâgeuse. En fées ou en châtelaines, les femmes se sont parées de jolies robes longues qui me font envie. Les hommes sont venus en chevaliers, bourgeois ou moines. Si, pour Christine et nos amis, je suis déguisé en noble, pour moi, je suis femme et habillé en femme, avec cette tunique qui fait minijupe. Une joie intérieure impossible à partager...

La santé de mon père flanche de plus en plus. L'alcool a provoqué une forme inquiétante d'obésité, en fait, une ascite. Le père de Christine l'accueille dans son service d'endocrinologie au CHU de Lille.

Au mois de juillet, nous avons choisi la Thaïlande pour notre deuxième grand voyage. Pendant plusieurs jours, accompagnés d'un guide, nous partons faire du trekking dans les montagnes du Nord, zone assez dangereuse du fait des bombardements réguliers des champs de pavot par l'armée thaïlandaise. Nous rencontrons les différentes tribus

Yao, Akha, Karen et dormons à même le sol dans les huttes des villages.

Retour à Bangkok. À l'hôtel, nous trouvons une lettre du père de Christine, pleine de compassion et revenant sur un malheur que nous sommes censés déjà connaître. Or, nous n'avons reçu aucun autre courrier (mails et portables n'existent pas). Je comprendrai ainsi que Papa est mort et que son enterrement a eu lieu il y a quelques jours. Je m'écroule en pleurs. J'aurai le souvenir de l'avoir embrassé pour la dernière fois le week-end qui a précédé notre départ en Thaïlande.

Mon père ne connaîtra pas son premier petit-enfant qui naît un an plus tard. À la fin de cette année 1983, Christine est enceinte. Grand bonheur dans notre couple, alors que nous commencions à désespérer. Cette magnifique nouvelle met un peu de chaleur dans le cœur de ma mère qui se remet difficilement de la perte de son mari. Grâce aux échographies, nous découvrons au fil des mois l'évolution de notre bébé tant attendu. Quelle émotion de voir cette petite forme bouger sur l'écran ! Christine et moi sommes d'accord pour connaître dès que possible son sexe. J'avoue que mes travers de journaliste auraient difficilement supporté de ne pas savoir : mon impatience maladive aurait eu du mal à attendre l'accouchement.

« C'est une fille ! », nous indique le médecin. Quel bonheur de toucher le ventre de ma femme et de sentir notre bébé bouger ! Notre rêve de fonder une famille est en train de se réaliser. Mais j'aurais tellement voulu être à la place de Christine et porter notre enfant. Je vivrai sa grossesse et son accouchement par procuration.

L'accouchement sera très difficile pour Christine. Il faut donc l'endormir pour pratiquer une césarienne. Elle n'est malheureusement pas réveillée pour prendre notre petite Élodie dans les bras. Cette chance me reviendra.

Je garde en mémoire le visage de ma mère qui irradie de gentillesse et d'amour en la berçant pour la première fois. Elle ne le fera malheureusement pas très longtemps. En novembre, elle est hospitalisée au centre anticancéreux de Lille. Il y a une suspicion de cancer, mais ce ne sont que de nodules bénins qui lui seront retirés. Brusquement, son état de santé s'aggrave. À peine plus d'un an après son mari, Maman le rejoint dans la mort, touchée par une maladie nosocomiale. Je viens de perdre l'une des plus belles personnes de ma vie. Sans jamais bien savoir ce que je ressentais, elle avait compris mon mal-être et a toujours été là pour moi. Elle a tout fait pour me sortir de mon enfermement et m'inciter à aller vers les autres. Son extrême bienveillance sera louée par tous mes amis, qu'elle aimait tant rencontrer. Christine la pleurera en regrettant que nos enfants ne puissent la connaître et l'aimer : « Elle aurait été une tellement merveilleuse grand-mère », dit-elle régulièrement. Le plus dur sera d'annoncer la mort de notre maman à ma petite sœur, partie vivre en Bretagne. À 22 ans, elle se retrouve sans parents et, surtout, sans cette maman si fusionnelle avec ses enfants.

En mai 1985, la direction des radios locales me propose le poste de rédacteur en chef de Radio France Creuse. Je n'ai que 29 ans, mais tellement envie de gérer une équipe. Nous habitons une grande maison. Au rez-de-chaussée : le garage et une gigantesque pièce-débarras avec un évier où j'installe mon labo photo, qui en est à son troisième déménagement. Dans un grand carton portant la mention « Ne pas ouvrir » se trouvent tous les produits chimiques et, bien sûr, les quelques vêtements féminins que je possède. La naissance de notre fille a fait ressurgir en moi tout ce que ma naissance ne permet pas : porter un bébé et donner la vie. Je me sens femme et je ne le suis pas. Malgré des activités professionnelles très prenantes, je me veux le plus présent possible auprès d'Élodie. La Creuse est un très beau département avec des forêts, des lacs et des superbes sites et vieux villages que nous parcourons le week-end avec notre fille en poussette ou sur le dos. Des moments très précieux, mais je dois me supporter homme. Mes « sas de survie », en femme dans mon labo photo, m'aident à tenir.

En janvier 1986, Christine est enceinte. Aurélien naît le 9 septembre. Nouvelle césarienne et un beau bébé apparaît. Cette fois, pas d'anesthésie générale, juste une péridurale, et Christine peut tenir rapidement notre petit garçon dans ses bras.

La veille, j'ai reçu un coup de fil de mes responsables parisiens pour prendre la direction de la rédaction de Radio France Bretagne-Ouest, dont les effectifs sont parmi les plus importants du réseau. C'est donc dans la chambre de la maternité lilloise que j'annonce à Christine cette proposition. Le moment n'est pas des mieux choisis…

À Quimper, l'accueil par la rédaction est très froid : je ne suis pas breton, je n'ai donc aucune légitimité à diriger des journalistes bretons ! À une exception près, tous sont bretons. Et à une autre exception près, tous sont beaucoup plus âgés que moi. À 30 ans, je suis confronté pour la première fois à une forme de xénophobie et de discrimination par l'âge. Cette situation, pénible, durera trois mois, jusqu'à ce que l'équipe se décide à me juger sur mon expérience et mes projets.

Côté familial, la situation est aussi quelque peu difficile. Christine se remet mal de ce changement brutal peu après son accouchement. Elle n'a plus d'emploi. S'occuper seule de deux bambins n'est pas reposant, même si, à trois ans, Élodie a fait son entrée à l'école maternelle. Et mes journées sont longues ; je pars tôt le matin pour préparer la conférence de rédaction et rentre souvent assez tard. J'oublie mes soucis quotidiens en donnant le bain à nos enfants, en jouant ou en leur lisant des histoires avant le coucher. Les week-ends sont des moments privilégiés en famille : nous profitons pleinement de notre jardin ou de cette belle région qu'est la Bretagne.

Dans cette maison, j'ai réinstallé mon « sas de survie », alias mon labo photo, au sous-sol, dans un coin du grand garage. Je manque de temps pour y tirer des photos et, par la même occasion, profiter de la tranquillité du lieu pour « être femme », mais je ne suis pas trop malheureux de cette situation, profitant des enfants et de la chance d'être un papa poule à l'extérieur, une maman poule à l'intérieur. Je me « contente » d'enfiler régulièrement un collant sous mon pantalon, histoire de me sentir, symboliquement, femme. Collant qui a failli me trahir. Un soir, Christine propose de me masser avec un anti-inflammatoire alors que je souffre de la jambe. Je monte dans notre chambre pour retirer pantalon et collant, sans penser que Christine me suivrait aussi vite et découvre le collant. Bredouillage de ma part, j'ai froid aux jambes, demi-mensonge, demi-vérité, ça passe... et la douleur aussi avec son massage.

Mon véritable « sas de survie » est à Bordeaux. En quittant Lille, j'ai dû abandonner les interventions que je faisais régulièrement à l'ESJ. Or, former, partager des expériences, aider nos futurs confrères à trouver leur place dans le monde professionnel est une vraie passion.

Bordeaux est l'une des cinq meilleures écoles de journalisme parmi la douzaine reconnue par la profession. Une chance : l'intervenant des deux sessions spécialisées radio en seconde année ne peut plus assurer la formation. En 1985, je commence ainsi une longue histoire avec l'IUT de journalisme devenu, depuis, l'Institut de journalisme de Bordeaux-Aquitaine. Ces sessions bordelaises d'une semaine m'offrent, le soir après les cours, la liberté extraordinaire d'être « moi-même ». Dans la chambre d'hôtel, je revêts mes habits féminins, me maquille et, faute de perruque dans un premier temps, couvre ma tête, plutôt dégarnie, d'un foulard noué à l'arrière. Me voici partie dans les rues de Bordeaux, heureuse, craignant toutefois que mon visage ne soit pas suffisamment féminin. Je fais quelques achats dans les magasins, avant de regagner l'hôtel, en espérant ne pas être interpellée par le personnel d'accueil. Mais tout se passera toujours bien... De retour chez nous, ces tenues féminines rejoindront leur cachette.

La « richesse » de la transidentité

En mai, près de trois ans après notre première rencontre, voici le dernier rendez-vous avec le Dr Bernard Cordier, le psychiatre de l'hôpital Foch qui m'a aidée et accompagnée tout au long de ma transition. La vaginoplastie a en quelque sorte clos ce parcours de « réassignation », même si le suivi endocrinologique sera à vie, le traitement dermatologique et orthophonique durant encore de longs mois. Il me trouve apaisée par rapport à nos premiers rendez-vous en 2016, même s'il sait, et me redit, que toute transition est toujours lourde de conséquences. Il est satisfait que je sois suivie par Jennifer Huet, la psychologue de l'hôpital Tenon.

Comme à chacune de nos rencontres, nos discussions finissent toujours par dériver sur des questions plus générales liées à la transidentité et à la dysphorie de genre. Il me fait part, par exemple, de cette richesse psychologique et intellectuelle que sa longue expérience lui a fait constater chez les personnes trans : « Cela n'est pas scientifiquement établi, mais à force de voir la réflexion approfondie, intéressante de toutes ces personnes, quels que soient leurs diplômes et leur formation, cela m'a fait penser au mot "parité". Et je suis allé jusqu'à me demander : serions-nous devant une parité incarnée ? La parité, c'est le fait qu'hommes et femmes réunis, on est meilleurs grâce à cette complémentarité. N'est-ce pas ce que l'on observe chez une personne transgenre qui réunit les deux en un seul individu ? Elle a les deux en elle, ayant été contrainte de grandir avec les hormones du sexe dans lequel elle ne se reconnaît pas et en adoptant son fonctionnement, ses principes, avant d'en être libéré et de basculer dans le "bon" sexe grâce à d'autres hormones et avec un fonctionnement différent. Vous incarnez donc une véritable forme de parité. Ce qui me fait dire que vous n'avez pas quelque chose en moins, mais quelque chose de plus, car, comme Tirésias dans la mythologie grecque, vous vivez les deux sexes. »

Cette richesse que nous incarnerions reste encore souvent cachée, en nous et au sein de nos univers professionnels. Une association, l'Autre Cercle, s'est mis en tête de combattre l'invisibilité de la transidentité et de l'homosexualité dans les entreprises. « Parce que l'exemplarité vient d'en haut », elle propose aux dirigeants d'entreprises, d'administrations, d'établissements de formation de signer une charte d'engagement LGBT+. Plus d'une centaine d'entre eux ont déjà ratifié cette charte de non-discrimination et de promotion de la diversité. Ils représentent souvent de grands groupes, comme Air France, IBM, TF1, Microsoft, L'Oréal ou La Poste. Radio France a signé le texte en 2018.

En fin d'après-midi, après mon rendez-vous avec le Dr Cordier, je me rends à la première édition du rassemblement organisé par l'Autre Cercle pour promouvoir les « rôles modèles » au sein des entreprises. Ces rôles modèles sont des cadres dirigeants, LGBT ou non, considérés comme des modèles ou des référents chargés de contribuer notamment à l'inclusion des salariés homosexuels ou transgenres. Ce rassemblement se tient au Studio 104 de Radio France. Plus de 600 cadres et dirigeants sont attendus dans cette très grande salle plus habituée aux concerts. Les participants seront tellement nombreux (800) qu'il faudra ouvrir le balcon pour pouvoir les accueillir.

J'ai été invitée par le Comité diversité et la présidence de Radio France. Plus encore, lundi dernier, l'humoriste de France Inter, Daniel Morin, me téléphone : « Je dois faire un sketch pour la soirée de l'Autre Cercle. [...] Ce matin, j'ai entendu ton super témoignage dans la matinale. Il colle parfaitement avec la soirée. Je me disais que ce serait bien si tu acceptais de faire quelque chose avec moi. » « Je suis déjà invitée », lui dis-je. « Super ! Comme ça, en plus, tu monteras sur scène pour témoigner. » J'ai toujours eu beaucoup d'estime pour Daniel Morin, pour sa sensibilité, sa gentillesse et son humilité. Lorsque j'étais médiateur des antennes, il était régulièrement attaqué, comme ses autres camarades humoristes, par des auditeurs de France Inter. Contrairement à sa collègue Charline Vanhœnacker, il a toujours accepté de venir s'expliquer en direct dans mes « Rendez-Vous du médiateur ».

Le hall de la Maison de Radio France est bondé lorsque j'arrive. Des centaines de femmes et d'hommes en tailleur, costume ou tenue plus décontractée. Cela dépend du type de société qu'elles ou ils managent. Sibyle Veil, la présidente de Radio France, accueille tous les participants par un discours très engagé en faveur de la diversité et de la visibilité de la différence. Elle me cite et annonce mon intervention le mois prochain devant le personnel. Après plusieurs témoignages de chefs d'entreprise, de cadres ou de salariés qui ont pu être accompagnés dans leur coming out au sein de leur entreprise, c'est le moment du sketch de Daniel Morin. Il fait beaucoup rire l'assistance en inversant les rôles et en réclamant plus de visibilité pour le « mâle blanc hétéro de plus de 50 ans ». Perchée sur les talons de mes belles sandales aux lanières blanches, je le rejoins sur cette grande scène pour notre texte que j'ai rédigé sous forme de questions-réponses.

Je commence par raconter tout le bonheur que j'avais de travailler à Radio France, jusqu'à ce burn out de mars 2015. Il « était la conséquence d'un épuisement professionnel, mais pas seulement. Je ne savais plus où j'en étais. À l'approche de la soixantaine, je n'en pouvais plus d'être dans le mauvais corps ». Je souligne « ma véritable conscience professionnelle » : « Je tombe en burn out deux jours avant le début de la grande grève qui va bloquer Radio France pendant un mois en mars et avril 2015. Finalement, mon absence n'aura pas trop de conséquences, alors que l'antenne de France Info est bloquée. » Rires. « Mais pour que tu sois heureuse, il fallait foncer », me relance Daniel Morin. « Oui, facile à dire. T'imagines. Le secrétaire général de France Info devient du jour au lendemain LA secrétaire générale. Comment l'expliquer ? Quel regard aura-t-on sur toi ? Tu vas être la risée de tout le monde. T'es le premier à faire un truc pareil. Oui, d'ailleurs, est-ce que tu es seul dans ta boîte à vivre, ou plutôt à mal vivre, cette situation ? Je n'avais pas le courage d'aller contre une sorte d'ordre établi. En réalité, je me suis résignée à me dire : tiens bon jusqu'à la retraite… J'ai donc attendu mes 62 ans pour quitter cette belle maison et un travail que j'adorais pour, enfin, être Béatrice au quotidien. Et grâce à mon opération il y a trois mois, mon corps et mon esprit sont enfin en adéquation. » Pour terminer, Daniel me demande : « À part ça, ça va Béa ? ». Je fais alors cet aveu : « Aujourd'hui, je pense que je suis la plus heureuse au monde. Tu te rends compte, je suis enfin moi-même. Et tu ne le dis à personne : je commence à m'aimer… »

Le trac m'a épargnée durant les sept-huit minutes de notre questions-réponses. Il est vrai que j'apprécie la prise de parole en public. Toutefois, ce fichu trac me rattrape au moment des applaudissements. Très émue, mais également heureuse, je rejoins ma place, avant la présentation des rôles modèles mis en place dans une soixantaine d'entreprises françaises. Ils sont successivement appelés sur scène. Parmi eux, Sandra Forgues, « rôle modèle » de la société DSI, et champion olympique de canoë-kayak lorsqu'elle se prénommait encore Wilfrid. Je viens d'achever la lecture de son livre *Un jour peut-être… Journal d'un champion olympique devenu femme* (éd. Outdoor) et j'aimerais vraiment pouvoir discuter avec elle après cette cérémonie. Malheureusement, je ne parviendrai pas à la retrouver. Peu après, le rôle modèle de Radio France, Matthieu Beauval, est appelé. Je suis très touchée : avant de monter sur scène, affectueusement, il vient m'embrasser devant toute l'assistance. Nous nous connaissons bien : nous étions dans le comité de direction de France Info lorsque j'étais secrétaire général et lui directeur d'antenne. Aujourd'hui, il est directeur adjoint du Numérique de Radio France, responsable de l'innovation.

Cette soirée me fera profondément réfléchir. Il y a ce témoignage qui m'a beaucoup marqué : celui de cette responsable de l'implantation des hypermarchés Auchan, une grande et jolie femme d'une cinquantaine d'années. Le groupe l'a aidée à faire son coming out « homme vers femme » au sein de son équipe et de l'entreprise. Cela s'est passé progressivement avec une aide extérieure. Et puis, il y a toute cette communication interne à Radio France autour de la diversité, du soutien aux personnes homosexuelles ou transgenres. Je me dis que si, aujourd'hui, j'étais toujours médiateur des antennes, je pourrais m'adresser à Matthieu Beauval. Avec son aide, celle de la DRH, je pourrais préparer l'annonce de ma transidentité. La faire progressivement avec le soutien de l'entreprise. Et surtout – je pense à cela avec tristesse –, pour pouvoir être enfin moi-même, je ne me serais pas obligée à quitter le plus beau poste qui m'ait jamais été confié. Une fois encore, on ne peut réécrire l'histoire, mais à une année près, j'aurais pu continuer à travailler et, cette fois, en tant que femme.

33-56 ans

Novembre 1989, me voilà enfin à France Info, à Paris ! Je rejoins avec beaucoup de joie et de fierté cette « maison ronde » de l'avenue Kennedy, siège de Radio France et de cette nouvelle radio d'information en continu, unique en son genre. Il me faut trouver un logement agréable pour ma petite famille dans une région, l'Île-de-France, où nous n'avons ni famille ni amis. Lorsque je me rends à la DRH de Radio France pour signer mon contrat, je fais part de mes inquiétudes. Sa responsable m'indique un appartement dans une résidence toute neuve du centre de Suresnes, mais sans transports en commun pour rallier la « maison ronde ». Aucun souci : nous avons une voiture. De plus, je prends en charge la rédaction en chef de la matinale ; allant travailler à trois heures du matin, je n'aurai pas de problème de circulation ni de stationnement sur un des parkings qui, à l'époque, ceinturaient Radio France.

Notre cinquième déménagement en sept ans est programmé entre Noël et Nouvel An. Mais l'appartement est petit. Fini le labo photo, mon sas de survie. Fini ce fameux carton portant la mention « Danger. Ne pas ouvrir » qui accueillait mes quelques habits féminins rangés dans un grand sac plastique opaque à côté des produits chimiques. Où vais-je donc désormais les cacher ? Une des gaines techniques que l'on peut ouvrir avec un simple tournevis deviendra mon armoire secrète. Mais quand vais-je donc pouvoir être femme, hormis durant mes deux semaines de cours annuelles à Bordeaux ?

À la maison, notre organisation est très structurée. Christine, qui travaille de 15 heures à 22 heures, s'occupe des enfants le matin et le midi, puis je prends le relais pour la fin d'après-midi et la soirée. Un moment privilégié avec nos deux petits, sans qui ma vie aurait certainement eu moins de sens : jeux, lectures, avant le coup de fil du soir avec le rédacteur en chef journée de France Info afin de faire le point sur l'actualité et les éléments de reportages ou d'interviews dont je disposerai pour la matinale du lendemain. Puis je prépare le repas et nous dînons tous les trois. Rituel incontournable : nous regardons ensemble le « 20 heures ». Cela me permet évidemment de suivre l'actualité, mais c'est aussi l'occasion de l'expliquer à Élodie et Aurélien avec des mots simples. Après le JT, nous allons ainsi voir sur le grand planisphère affiché sur un mur de l'appartement où se situent les pays dont on a parlé.

Mon sas de survie, ce sont mes jours de congé, quand Christine est à la pharmacie et les enfants à l'école. Je dispose de deux heures pour être physiquement femme. Je commence à prendre l'habitude de sortir de temps à autre dans notre quartier avec les vêtements que j'ai achetés à Bordeaux ou à l'hypermarché de La Défense. L'avantage est l'anonymat complet au moment de l'achat : le commerce en ligne, qui s'avérera bien pratique pour les trans, n'existe pas encore. Mais j'ai peur d'être reconnu en quittant notre appartement par un voisin ou notre concierge. Je suis d'une prudence exacerbée, malgré le fond de teint, le fard à paupières, le mascara et le rouge à lèvres que j'emprunte à Christine et qui féminisent mon visage. Toujours surmonté d'un foulard pour cacher mon crâne dégarni.

Un matin, après avoir lu un article sur les boutiques de perruques autour du boulevard de Strasbourg, je prends mon courage à deux mains et m'y rends dès la fin de mon service. Les perruques, destinées principalement à une population d'origine africaine, ne sont pas chères. J'en repère une qui me plaît dans une vitrine : cheveux mi-longs, couleur châtain. J'explique, pétri de timidité et révulsé à l'idée de mentir, que j'ai besoin de cette perruque pour jouer dans une pièce de théâtre. Je n'avais aucune raison de me justifier, mais j'étais si mal à l'aise ! Désormais, je vais pouvoir me sentir encore plus féminine.

À la faveur de l'arrivée de notre nouveau directeur, Michel Polacco, je préconise la création d'un poste de secrétaire général de France Info, membre du comité de direction, qui gérerait d'une manière professionnelle les plannings, les remplacements, les recrutements et les formations des journalistes. Michel accepte et me nomme à ce poste. Tout d'abord, je m'attaque à ce que j'avais trouvé insupportable dans la précédente direction : un mode de fonctionnement clanique et une communication interne quasi inexistante. Guidé par cette obsession, à mon sens très féminine, de rendre les gens heureux au travail et de casser les barrières, pour moi très viriles, entre la direction et les équipes, je crée ce qui ne s'est jamais fait à Radio France : une lettre hebdomadaire, *Les infos d'Info*. Les différentes équipes de France Info apprennent ainsi les projets et les décisions de la direction, ont des informations sur les autres chaînes et sur Radio France. La rubrique qui connaîtra un grand succès est celle qui clôt régulièrement cette lettre : les naissances. Nous sommes une radio jeune au taux de natalité impressionnant.

Record battu en 2013 avec 17 nouveaux bébés pour une population de 120 salariés. France Info est une grande famille...

Quelle fierté quand je vois celles et ceux que j'ai soutenus à leurs débuts avec un véritable attachement occuper des postes importants dans différentes rédactions ! Je les ai aimés avec ce désir maternel de les voir réussir. J'ai dû m'opposer à des directeurs qui voulaient que je me sépare de remplaçantes encore un peu « fragiles », alors que leur talent était en train d'éclore peu à peu. Peut-être une forme de « maternalisme », diront certains. Peut-être aussi une forme d'« identification » à ces jeunes femmes journalistes que j'aurais voulu être. Ce qui est vrai, c'est que France Info se devait aussi d'inverser le bon gros machisme de sa naissance. Son créateur, Jérôme Bellay, avait décrété que, pour l'actualité, une voix féminine n'était pas crédible. Donc, pas une seule présentatrice de journaux. Nous parviendrons au fil des années à rééquilibrer les effectifs, au point qu'en 2013, lorsque notre PDG, Jean-Luc Hees, décidera qu'à l'occasion de la journée internationale des Droits des femmes, toutes nos antennes doivent ce jour-là offrir une parité parfaite aux auditeurs, je n'aurai aucun changement à opérer auprès de la vingtaine de présentateurs de ce 8 mars : nous avons autant de femmes que d'hommes.

Un an après la création de ce poste de secrétaire général, mon directeur, Michel Polacco, en est très satisfait, mais il est aussi bien embêté avec la chronique de psychologie du samedi, « Savoir Être », que son titulaire quitte. Il me demande de la reprendre. Comme si l'activité de secrétaire général n'était pas déjà si prenante avec une disponibilité 7 jours sur 7, 24 heures sur 24 pour régler toutes les difficultés inhérentes au fonctionnement d'une antenne d'information en continu ! Mais la perspective de « refaire du micro », de parler aux auditeurs sur un domaine, la psychologie, qui m'intéresse, avec une psychanalyste réputée, Claude Halmos, me pousse à accepter. Je prends beaucoup de plaisir à sélectionner les nombreuses questions adressées par les auditeurs à cette spécialiste. Beaucoup de plaisir aussi à rédiger une petite histoire introductive pour présenter le sujet. Je décide également d'exposer sur la page Internet de cette chronique les derniers livres sortis concernant la psychologie, la connaissance de soi, les enfants, etc.

Et un jour de 2013, en tant que chroniqueur, je reçois un livre, LE livre que j'attendais certainement depuis des années. Il s'intitule *D'un corps à l'autre* (Robert Laffont). Olivia Chaumont, architecte et urbaniste, raconte sa vie d'homme dans le mauvais corps, son parcours de femme trans, son opération de réassignation à 57 ans et l'« atterrissage » pas toujours simple dans la vie féminine. Je dévore son récit qui me redonne espoir, même si la situation personnelle d'Olivia me fait peur : sa femme l'a quittée et sa fille ne veut plus la voir.

Cela faisait plusieurs années que je fouillais inlassablement sur Internet pour comprendre cette situation incroyable que je vis depuis mon enfance : être physiquement un homme, mais me sentir intérieurement une femme, l'être en cachette de temps à autre en enfilant une jupe, des collants et une perruque. Et, parfois, avoir cette terrible envie d'en finir avec une incongruité qui me fait tant souffrir... J'avais besoin de savoir. Etait-ce une forme de perversion sexuelle ? Étais-je seul à ressentir cette souffrance ? Serais-je finalement un travesti ?

Recherche après recherche sur le fabuleux réseau mondial que commence à nous offrir le web dans les années 2000, je découvrais la transidentité. J'ai près de 50 ans et, jusqu'alors, je n'ai pas trouvé de réponses à ce que je ressens, à ce que je vis, à ce qui détruit en partie mon bonheur. Je n'en parle pas : j'ai peur des moqueries et d'un rejet. Et j'ai honte. J'ai honte d'être ainsi. J'ai honte de ne pas être dans une forme de normalité. Soudain, oui, c'est cela, je suis transgenre et je souffre de dysphorie de genre, « cette détresse face à un sentiment d'inadéquation entre le sexe assigné et son identité de genre », et toutes les questions qui me taraudaient trouvent peu à peu des réponses.

Je découvre que la transsexualité (terme aujourd'hui banni) a véritablement commencé à être étudiée au début du XXe siècle. Un gynécologue allemand, Kurt Warnekros, réalise en 1930 les premières opérations de changement de sexe. Il opère notamment l'artiste danoise trans, Lili Elbe, née homme et mariée à une autre artiste, Gerda Wegener, qui la soutiendra dans sa volonté d'être femme. Malheureusement, les antibiotiques n'existent pas encore et Lili mourra d'une infection après sa troisième opération. Cette remarquable histoire d'amour et de transidentité sera relatée dans le magnifique film de Tom Hooper, *The Danish Girl,* sorti en 2016. Je prends également connaissance du tableau établi dans les années cinquante par l'endocrinologue américain Harry Benjamin. Il classe en plusieurs catégories les « dysfonctionnements » de la masculinité. Je me retrouve complètement dans la catégorie « transsexualisme » : « Les vrais transsexuels ont le sentiment qu'ils appartiennent à l'autre sexe, ils veulent être et fonctionner en tant que membres du sexe opposé, et pas seulement apparaître comme tels. Pour eux, leurs organes sexuels, primaires (testicules) aussi bien que secondaires (pénis et autres), sont de dégoûtantes difformités devant être changées grâce au bistouri du chirurgien. » On parle alors du « syndrome de Benjamin », du nom de ce médecin américain, précurseur par rapport à ses collègues psychiatres. Ces derniers veulent soigner ce qu'ils définissent comme une « perversion » ou une « psychose », alors qu'Harry Benjamin ne parle que de « syndrome » : pour lui, l'hormonothérapie et la chirurgie sont des solutions pour corriger la situation des trans. Il n'empêche que, longtemps, on considérera que l'homosexualité et la transidentité, souvent confondue avec l'homosexualité, peuvent être « soignées » par la psychiatrie. En France, les premières opérations chirurgicales de réassignation ne seront pratiquées qu'à partir des années quatre-vingt (lire l'interview du Pr Revol en annexe). En tout cas, je suis étonné qu'en 2000-2010, personne ne parle de la transidentité ni dans les médias, ni dans la littérature, ni dans les films.

Oui, la découverte du livre d'Olivia Chaumont m'apporte l'espoir considérable d'être un jour comme elle, une vraie femme. Mais il faut que je me décide à révéler ma transidentité. Je vais saisir une circonstance inattendue…

Béatrice va-t-elle pouvoir voter ?

Ce dimanche 26 mai 2019, je pars avec beaucoup d'inquiétude vers le bureau de vote pour les élections européennes. Je tiens à voter, mais je crains que mon « absence d'identité » ne me crée encore de belles difficultés. J'ai bien pris la précaution de téléphoner au bureau des élections de la mairie de Nanterre il y a moins de deux semaines… Une fois encore, je raconte ma vie de trans, toujours sans identité conforme six mois après avoir commencé mes premières démarches. L'employée vérifie le registre électoral, désormais élaboré par l'Insee et non plus par les communes. La centralisation a du bon car nous découvrons que je suis inscrite sous le prénom de Béatrice. Au moins, la modification de l'acte de naissance a généré automatiquement cette actualisation…

C'est réjouissant, mais cela va certainement compliquer les choses du fait que ma carte d'électeur porte le prénom Bruno. « Ne vous inquiétez pas, me rassure l'employée, vous allez recevoir une nouvelle carte avec la mention

Béatrice. » Très bien, mais au moment du vote, il faut également présenter sa carte d'identité ; or, je n'ai toujours pas celle qui indiquera ma nouvelle identité. Là encore, « Ne vous inquiétez pas », me dit-on.

À trois jours du scrutin, je reçois bien ma nouvelle carte d'électeur… au nom de « Bruno » ! Au moins ce sera conforme à ma carte d'identité, mais il y aura certainement un problème avec le registre électoral que l'on doit parapher au moment du vote. C'est donc avec toutes ces difficultés en tête que j'entre dans le bureau de vote. J'ai choisi d'y aller tôt le matin en espérant une faible affluence et une meilleure discrétion si je dois de nouveau raconter ma situation. Je présente ma carte d'électeur et ma carte d'identité en spécifiant qu'elles ne sont malheureusement toujours pas en adéquation avec mon identité réelle. Cela ne pose pas de problème. Ouf, premier obstacle franchi… Un passage rapide dans l'isoloir, et me voici face au président du bureau qui trône devant l'urne et à ses deux assesseurs. Au premier, je tends mes deux cartes, d'électeur et d'identité, en précisant une nouvelle fois qu'elles ne sont pas encore modifiées. Il me sourit et a alors la délicatesse de ne pas énoncer publiquement mon nom et mon prénom à l'adresse de son collègue chargé du registre électoral, mais mon numéro. Après recherche dans le registre, il annonce « Béatrice Denaes ». Je dépose mon bulletin dans l'urne : « A voté ». Je remercie avec un large sourire ces trois personnes très attentionnées. Je ne m'attendais pas à une telle amabilité. Mon devoir de citoyen a été accompli en cinq minutes, sans prise de tête pénible, malgré cette situation d'identité non conforme qui s'éternise.

Cinq jours plus tard, le 31 mai, je peux aller récupérer mon passeport à la mairie de Nanterre. Quelle émotion et quelle joie de recevoir enfin cette pièce tant attendue qui me reconnaît Béatrice Denaes dans le monde entier... Je tiens à partager ce précieux sésame avec mes amis qui suivent mon « histoire » sur Facebook. Je scanne une partie de la page de présentation et la publie. Et là, c'est la douche froide... Un de mes amis, très observateur, m'écrit : « As-tu vu que tu es toujours avec la mention M pour le sexe ? ». Que vient donc faire cet horrible M, alors que tous les documents transmis à l'administration mentionnaient bien ma désormais appartenance au sexe féminin avec un grand F ? Il me faudra reconstituer un dossier complet pour corriger ce M. Avec ses excuses, l'état civil me promet une procédure accélérée. En réalité, il me faudra attendre près d'un mois pour récupérer ce petit livret si utile quand on adore voyager et découvrir le monde.

Il y a déjà quelques mois, Bérénice Ravache, la présidente du Comité diversité de Radio France, et Sophie Coudreuse, déléguée à l'égalité des chances, m'ont proposé de venir témoigner devant les cadres et les salariés de la Maison de la radio. J'y retrouve beaucoup d'amis professionnels, journalistes, techniciens, administratifs, dont plusieurs ne connaissent pas encore Béatrice. Moment intense et intimidant... Bises, petits mots gentils, mais il est temps de prendre place devant l'assistance, aux côtés de Marc Fauvelle, le présentateur de la tranche 7-9 de France Info.

« Je vais faire une chose que je ne fais jamais ; je vais vous raconter quelque chose de perso. J'ai appris par un mail qu'elle a envoyé en début d'année que Bruno devenait

Béatrice. Passez-moi l'expression, j'étais sur le cul après l'avoir lu. J'étais estomaqué. J'ai cru que tu faisais une blague. » C'est par ces mots très directs et très francs que Marc introduit la rencontre et fait rire l'assistance. Puis il raconte ce qu'il a ressenti, comme beaucoup de mes proches et de mes amis : « Malgré l'ouverture d'esprit que mes parents, mes rencontres m'ont inculquée, j'ai été bouleversé par ce que tu as fait. Je crois que je n'étais pas prêt à apprendre que quelqu'un que j'ai côtoyé pendant une quinzaine d'années n'était pas la “bonne personne” ; je n'ai pas vu toute la souffrance qu'elle ressentait. Et quand vous vous prenez ça en pleine face, lorsqu'elle vous dit qu'elle n'est pas du bon sexe, pour moi, c'est bouleversant. En fait, on a été nombreux à se dire que tout cela ne pouvait pas être vrai, que la réalité ne pouvait pas nous rattraper comme ça ; nous n'arrivions pas à imaginer qu'on ne s'était rendu compte de rien. »

La première question de Marc est très précise, comme lorsqu'il reçoit chacun de ses invités : « Considères-tu que tu as changé de sexe ou que tu as retrouvé un sexe qui était le tien dès le départ ? » Ma réponse est aussi claire que la question est profonde : la vaginoplastie a forcément conduit à un changement physique de sexe, puisqu'elle m'a permis de posséder enfin un sexe féminin. Toutefois, mentalement, je n'ai pas changé de sexe, puisque j'ai toujours ressenti intérieurement une existence de femme. Et je conclus qu'aujourd'hui, mon physique et mon esprit sont enfin en adéquation.

Dans la salle, Cécilia Arbona, une de mes anciennes étudiantes de l'IJBA, grande reportrice au service des sports de Radio France, a elle aussi eu du mal à croire au mail que je lui avais adressé au début de l'année : « J'ai d'abord cru à une méprise ; je me suis demandé si j'avais bien lu. J'ai été interloquée, bouleversée et, en réalité, très mal à l'aise. Je ne crois pas être intolérante, mais je me suis dit que je suis passée à côté de cette personne que je connais depuis trente ans. Ce qu'elle a fait est très courageux, mais j'aurais aimé pouvoir l'aider. Je suis très troublée de me dire que toutes ces années de souffrance et de silence ont dû être très lourdes à porter dans le "mauvais" corps. Et j'espère qu'il, euh, qu'elle va pouvoir vivre très longtemps pour pouvoir profiter de ce nouveau corps. Aujourd'hui, la société évolue. Mais auparavant, cette entreprise a été pour elle une prison virtuelle avec de lourds barreaux. C'est vrai que cela aurait été difficile pour lui, Bruno Denaes, qui occupait de hautes fonctions ici, qu'il débarque un jour en disant "je suis une femme". À l'époque, il y aurait vraisemblablement eu de l'incompréhension, voire pour certains du rejet. » Avec un large sourire et des mots touchants, Cécilia poursuit : « Elle a parlé des hormones qui la font pleurer davantage, qui la rendent encore plus sensible qu'elle ne l'était. Eh bien, je voudrais lui dire que c'est une super nana, une vraie nana. Elle est forte à l'extérieur ; mais à l'intérieur, c'est un chamallow. Elle peut être sensible, émotive. Et l'émotivité, ce n'est pas une faiblesse, une fragilité. Cela fait partie de la femme. C'est chouette ! »

Quelques jours plus tard, une autre de mes anciennes reportrices, Alice Serrano, rencontre notre fille Élodie. Longue interview dont il ne restera, c'est la règle du jeu, que quelques dizaines de secondes lors du montage. « Il y a eu une phase de colère, avoue-t-elle. Comme nous avions une véritable relation fusionnelle, mon père et moi, je me suis dit : “Il m'a quand même menti pendant toute mon existence”. Et puis, je me suis dit que s'il avait fait sa transition plus tôt, comme peuvent le faire aujourd'hui les ados trans, eh bien, moi, je n'aurais peut-être jamais existé, je ne serai jamais née. Toute ma vie, il restera mon papa. Je suis née d'un père et d'une mère. Il a “simplement” changé d'apparence physique. »

Avec l'accord de la journaliste, j'écoute avec beaucoup d'émotion l'ensemble de l'interview. Avec sa franchise habituelle, Élodie a confié à Alice tout ce qu'elle a ressenti depuis mon coming out il y a trois ans. « Autour de moi, j'avais déjà eu des annonces d'homosexualité, mais je n'avais jamais été confrontée à la transidentité. Bon, j'avais déjà vu des films à ce sujet et je me suis dit : c'est le chemin qu'a choisi mon père, c'est sa vie. De toute façon, je ne vois pas pourquoi je lui signifierais mon accord ou mon désaccord. » En revanche, elle reconnaît que mon hyperféminité d'il y a deux-trois ans l'a gênée, voire agacée : « Au début de sa transition, mon père a été porté sur des côtés ultra-féminins qui m'ont énervée. Moi qui ne suis pas très féminine, il est parti dans des espèces de clichés, avec des talons très hauts, un maquillage à outrance, des jupes courtes. Ce n'est pas du tout l'image que j'ai de la femme. Bien sûr que mon père avait le droit d'être comme ça, mais, pour moi, c'était trop exacerbé. Même si j'ai compris qu'il avait besoin de passer par cette phase… Je reconnais, c'était compliqué pour moi ! D'autant qu'il devenait plus “féminine” que ma mère et que moi ; c'était très perturbant. »

Concernant la « virilité » et l'image masculine d'un père : « Cela n'a vraiment pas été le cas de mon père. Même si je n'ai jamais imaginé sa dysphorie de genre, je reconnais que mon père a toujours été très maternant pour mon frère et moi. Il avait ce côté maternel qu'on n'avait pas analysé à l'époque. Aucune attitude machiste : les tâches ménagères étaient partagées. Il faisait la cuisine, la vaisselle, les courses, etc. Ma mère faisait les nocturnes dans sa pharmacie et c'est lui qui nous préparait les repas le soir. Avec ses journées à rallonge de rédacteur en chef et ses horaires décalés en matinale, il avait pas mal de jours de congé et il s'occupait beaucoup de nous. »

« Comment voyez-vous le couple formé par vos parents ? » lui demande Alice. « C'est sûr, ce n'est plus un homme-une femme. Mais c'est leur vie. Et puis, ce n'est qu'une apparence. Le plus important, c'est l'intérieur. Fondamentalement, mon père, ma mère sont restés les mêmes. Par exemple, mon père est resté le "Oui-Oui au pays magique" : son monde est rose, son monde est merveilleux, un monde qu'il a toujours vécu et compensé par ses passions et une hyperactivité qui ne semble pas près de s'arrêter. Il aime les gens, il voudrait que tout le monde soit heureux. Et, en retour, il attend beaucoup : ce qui engendre parfois de grosses déceptions. » Dernière question d'Alice : « Comment Béatrice est-elle aujourd'hui par rapport à Bruno ? » – qui ajoute « Moi, je la trouve plus guillerette » : « Évidemment, répond Élodie, il y a ce côté plus assumé, on sent un vrai bien-être. Mais ce besoin de rayonner dans son nouveau corps est parfois fatigant et déroutant pour l'entourage. »

En ce mois de juin, première fête des Pères « nouvelle version » pour mes enfants et moi. Je suis toujours leur père, mais leur père est une femme. Est-ce pour cela que cette fête prendra un aspect très « discret », contrairement à la fête des Mères qui a été l'occasion de nous retrouver le mois dernier en famille ? Christine est partie passer quelques jours au Touquet avec des amies. Mon fils m'enverra un texto en fin de journée. Seule ma fille me propose de venir déjeuner chez elle. Je serai très touchée par son cadeau. Pour la première fois, je reçois un superbe bouquet de fleurs. J'adore que des fleurs viennent décorer le salon d'une maison. Et, en tant qu'homme, je n'avais évidemment jamais reçu de fleurs, selon les bons vieux stéréotypes. Vous me direz qu'offrir des fleurs à une femme est également un stéréotype, mais j'avoue que cela fait partie des stéréotypes que j'assume pleinement, tant cette « première fois » m'a émue, qui plus est venant de ma fille.

Ce jeudi 27 juin, il a fallu se lever tôt, vers 5 h 30. Je dois être à 7 heures à l'hôpital Tenon, une heure avant la très longue intervention qui va « féminiser » mon visage. C'est une autre spécialité de la Dr Sarra Cristofari. L'accueil est sympathique, d'autant que je retrouve l'infirmière que j'avais rencontrée lors de la visite préopératoire avec le médecin anesthésiste. Un seul point continue de coincer : mon identité n'a toujours pas été modifiée par l'administration de l'hôpital. L'attestation de la CPAM porte bien le prénom de Béatrice, et mon numéro commence bien par un 2, mais je n'ai pas encore reçu la précieuse carte Vitale. Or, tous les documents concernant mon opération, dont les fameuses étiquettes que le personnel médical utilise pour identifier les formulaires, les prélèvements et, surtout, le bracelet qui nous est accroché au poignet, portent le prénom de Bruno. Au bloc opératoire, où la vérification d'identité est drastique, il y aura forcément un problème.

Pourtant, il y a une semaine, lorsque je suis venue pour les deux rendez-vous préopératoires, chirurgie et anesthésie, il m'a été dit que mon dossier serait mis à jour. J'ai laissé une photocopie de ma carte d'identité à l'assistante de la chirurgienne. Je me suis même rendue au service des préadmissions pour faire corriger mon dossier, alors que j'avais déjà réalisé toutes les démarches par Internet avec le prénom Béatrice. La personne qui m'a accueillie dans son petit box peu éclairé a bien essayé, mais mon dossier informatique était « bloqué ».

Là, il faut régler le problème rapidement avant l'opération qui débute dans moins d'une heure. Une infirmière de l'accueil du bloc refait une photocopie de ma carte d'identité et de mon attestation CPAM et se rend au service des admissions à l'autre bout du bâtiment. Pendant ce temps, je me change ; j'enfile les bas de contention, le slip informe taille unique, la seyante blouse bleue ouverte dans le dos et, enfin, la jolie charlotte pour couvrir la tête. L'infirmière revient, dépitée : « L'agent d'accueil n'a pas les droits informatiques nécessaires à la mise à jour de votre dossier. » « J'indique quand même votre prénom Béatrice à la main sur votre dossier. On verra bien ce que l'on dira au bloc », dit-elle, peu convaincue, en me conduisant à la salle d'attente. Nous sommes une dizaine de patients à attendre qu'un brancardier vienne vérifier notre dossier et nous emmène en fauteuil roulant vers l'une des nombreuses salles d'opération qui se succèdent le long d'un interminable couloir.

J'étais arrivée sereine pour cette opération que je sais lourde et complexe, je me sais entre de bonnes mains et j'ai confiance en ma chirurgienne. Mais toute cette histoire commence à me stresser. Stress renforcé, lorsque le brancardier m'appelle « monsieur ». Puis, c'est l'infirmier anesthésiste qui m'accueille avec ce même insupportable « monsieur » ; une fois encore, j'explique que je m'appelle Béatrice et que mon dossier n'a toujours pas été mis à jour. Je sens que cela lui pose un problème : il est peu aimable et mon stress monte à un niveau très supérieur. Le médecin anesthésiste arrive et vérifie mon identité. Évidemment, ça coince. Il exige une identité conforme. Entre-temps, le masque à oxygène a été posé sur mon visage. Je suis tellement stressée et contractée que l'infirmier anesthésiste doit s'y reprendre à plusieurs fois pour introduire le cathéter nécessaire au produit anesthésiant. Moi qui déteste les piqûres, je souffre énormément. Chaque essai pour introduire l'aiguille dans une veine est très douloureux. À mon réveil, je constaterai une multitude de traces de piqûres et de bleus sur mes mains et mes poignets.

Finalement, quelqu'un entre dans la salle d'opération, porteur de la fameuse feuille d'étiquettes autocollantes avec, cette fois, la bonne identité. Mon bracelet est modifié. Je peux être endormie et opérée. J'aurais préféré que cela se passe dans des conditions plus « humaines ». Pourquoi, depuis ma préadmission sur Internet il y a plus de trois semaines et mes deux rendez-vous préopératoires il y a une semaine, rien n'a-t-il été fait par l'administration hospitalière ? J'alerterai la responsable chargée des relations avec les usagers de l'hôpital Tenon. Près d'un an après, je reçois un courrier de la directrice de l'hôpital qui évoque un « long travail de mise en place d'actions correctrices », ainsi que « des formations sur le thème de l'identitovigilance » et m'indique qu'« un mode opératoire à l'attention des services des admissions est à l'écriture afin de sécuriser au maximum la prise en charge des patients transidentitaires ». Elle regrette ce que j'ai vécu et me remercie d'avoir « contribué à l'amélioration de la qualité de l'accueil ».

Je ne sais pas si le stress y est pour quelque chose, mais mon réveil sera long et pénible. Je suis bardée de quatre drains, des Redon, enfoncés sous la peau de la tête et chargés d'éliminer les sécrétions postopératoires pour favoriser la cicatrisation et prévenir toute infection. Comme je ne parviens pas à uriner, une sonde est introduite : nouveau moment douloureux et pénible. Il est 23 h 30 quand je suis enfin ramenée dans une chambre. L'opération a duré six heures et le réveil plus de neuf heures.

La douleur est assez intense au niveau du front. Je suis étonnée que la pompe à morphine ait si peu d'effet. L'infirmière de nuit constatera au petit matin que le cathéter s'est « détaché » de la veine. Décidément…

Je découvre mon visage sur l'écran de mon iPhone. C'est horrible… On dirait que j'ai été battue. Les joues sont boursouflées avec les multiples traces bleues des hématomes. Sous les narines, j'ai comme une moustache de poils drus : ce sont des fils de suture. La tête est couverte de compresses tenues par des bandes autocollantes. Une autre bande part de ce « casque » et maintient le menton.

La chirurgienne me rend visite et m'explique le déroulé de cette longue opération. Elle propose de me montrer des photos prises avant la mise en place des pansements, et me prévient que cela peut être éprouvant. Mais je suis curieuse et évidemment intéressée. Une entaille impressionnante court au sommet du crâne d'une oreille à l'autre, refermée par une cinquantaine d'agrafes. J'ai véritablement été scalpée pour remonter les sourcils, comme le sont naturellement ceux des femmes, plus hauts que ceux des hommes. Sarra Cristofari a également formé des pommettes en prélevant de la graisse du ventre et en l'injectant dans les joues, ainsi que dans la base de la mâchoire, afin de corriger l'ovale du visage. Et elle a pu améliorer mes lèvres si peu visibles ! Elle a relevé la lèvre supérieure, d'où ces fils sous le nez, et injecté là aussi de la graisse.

Le lendemain, avant de quitter l'hôpital, l'infirmière vient ôter tous les pansements. Le « casque » de bandes couvrant le crâne, les tempes et le menton enfin retiré, je peux apercevoir la multitude d'agrafes plantées sur la tête et les nombreux fils qui referment les entailles réalisées sous les narines, sous et derrière les oreilles. Ce n'est pas beau à voir, mais le résultat sera appréciable dans plusieurs semaines. En attendant, il me faut enfiler du crâne au menton une enveloppe élastique serrée par des Velcros afin de maintenir la pression sur les nombreuses sutures. Pour sortir de l'hôpital, elle sera cachée par ma perruque, et les hématomes du visage et du cou par un foulard.

À mon retour à la maison, heureuse surprise : ma carte Vitale est enfin arrivée. La semaine suivante, je suis invitée à aller chercher le bon passeport à la mairie de Nanterre et je reçois au même moment mon permis de conduire. Exactement huit mois après avoir débuté les démarches de changement d'état civil, je possède enfin la panoplie complète des papiers officiels indispensables : la carte d'identité, le passeport, le permis de conduire, la carte Vitale, les cartes bancaires et la carte de journaliste.

Reste encore à mettre la carte grise de ma voiture en conformité avec mon identité. La procédure est plutôt simple en passant par le site de l'Agence nationale des titres sécurisés (ANTS). Deux semaines plus tard, je reçois un message m'indiquant qu'il faut régler une taxe de 52,76 €. Gros étonnement : jusqu'à présent, aucun de mes changements d'identité n'a été facturé, pas même mon passeport qui a été refait gratuitement, car celui de « Bruno » avait encore quatre années de validité. Mon message à l'ANTS précise qu'il s'agit d'un simple changement d'état civil : le véhicule et l'adresse restent identiques, et je demande s'il s'agit d'une erreur, n'osant imaginer une discrimination transphobe. La réponse ne tarde pas. Et ce que je ne pouvais imaginer est bien réel : cette administration qui dépend du ministère de l'Intérieur a bien une attitude transphobe. L'explication est très claire : « Tout changement d'état civil en dehors du mariage ou du divorce implique l'édition d'un nouveau titre facturé un cheval fiscal, auquel s'ajoutent les taxes de gestion et d'acheminement. » Donc, si on change de nom dans le cadre « classique » du mariage ou du divorce, c'est gratuit. Si on change de prénom dans un cadre moins traditionnel, mais pourtant validé par la justice, c'est taxé. Nous sommes en présence d'une réelle discrimination.

Le 13 juillet, Christine apprend par une de ses sœurs la mort de leur mère, qui a fait une chute dans le petit studio de sa maison de retraite lilloise. La date de l'enterrement n'est pas encore fixée, une des quatre filles étant actuellement à l'étranger. Je m'attends à quelques « difficultés » particulières…

Elles arriveront deux jours après, au moment de la rédaction du faire-part, alors que l'enterrement est prévu le week-end prochain. Les quatre sœurs ont toujours refusé que leur mère soit mise au courant de ma situation. Au prétexte de son âge et de ses « principes » peu progressistes… Pourtant, mon unique tante encore en vie, également ma marraine, et son mari, pas non plus parmi les plus progressistes, ont compris ma souffrance et ma transition, une fois évidemment la surprise passée, lorsque ma cousine, leur fille, leur a expliqué la « naissance » de Béatrice. Tout comme la mère d'un de mes beaux-frères, génération identique, qui a accueilli avec bienveillance et curiosité ma nouvelle vie, souhaitant même que je lui envoie une photo de Béatrice. Ou encore la mère d'un de mes meilleurs amis, 86 ans, qui me connaît depuis l'adolescence ; elle ne cesse de demander de mes nouvelles et a été très heureuse de converser avec moi au téléphone de son lit d'hôpital après une mauvaise chute.

Comme ma belle-mère, toute sa famille n'a pas été mise au courant. Se pose évidemment la question de savoir comment me présenter… J'explique que je refuse un retour dans une vie, un prénom et des souffrances que j'ai mis tant d'années à quitter. Dans un mail adressé aux quatre filles, je leur fais part de ma solidarité à leur égard et de ma tristesse ; leurs parents avaient beaucoup représenté pour moi après le décès des miens il y a trente-cinq ans. Mais je m'étonne de cette honte qu'elles ont visiblement en refusant de me présenter telle que je suis désormais : « Je constate que tous les beaux discours contre l'homophobie, la transphobie ou le racisme ne sont valables que lorsque cela ne touche pas la famille. » Je suis certainement un peu sévère et un peu injuste, mais, comme je l'écris aussi, « je ne me suis pas battue pendant des mois pour que mon ancien état civil réapparaisse ». Consciente que leur « mensonge » familial, dont il n'a jamais été possible de rediscuter avec elles, est intenable en ces circonstances, je concède qu'elles « assument le fait d'écrire ce qu'elles souhaitent sur le faire-part, mais, formellement, je refuse que ce faire-part soit adressé aux personnes qui connaissent Béatrice ». Sur le faire-part, sera ainsi ressuscité un « M. et Mme Bruno Denaes », comme au « bon vieux temps », lorsque je n'avais pas encore eu l'odieuse idée de casser les codes en confiant mes soixante années de souffrances dissimulées et en tentant d'y remédier en souhaitant simplement être enfin moi-même. Par ailleurs, je suis interdit aux obsèques, sauf à me tenir hors du cercle familial. Je suis donc autorisée à participer aux cérémonies d'enterrement, mais comme un étranger, en feignant de ne connaître personne. Comment puis-je accepter un tel rejet, qui officialise le fait que ma « différence » n'est pas présentable à tous ?

C'est à ce moment-là que je prends pleinement conscience qu'être différente, qu'être hors des normes « classiques » engendre, même dans un cercle familial ouvert, des réactions de mise à l'écart. Comment Jules, Clothilde ou Marie-Agnès (prénoms modifiés) vont-ils réagir si on leur annonce que le cousin, beau-frère, mari ou père est en fait une femme ? Une réaction de colère, de rejet ? Ou, pourquoi pas, de tolérance et de bienveillance ? Pourquoi est-ce à ce point inimaginable ? Pourquoi pense-t-on toujours à la place des autres ? Je me rends compte que je suis en quelque sorte une honte familiale dont il ne faut pas parler. J'apprendrai plus tard que la consigne de ne pas évoquer Béatrice a été transmise à tous les participants « au courant » de ma situation vis-à-vis de ceux qui s'étonneraient de mon absence et demanderaient de mes nouvelles.

C'était d'ailleurs une de mes questions : quelle tromperie la famille allait-elle inventer pour justifier mon absence ? Il était évident que je n'allais pas me rendre aux obsèques de ma belle-mère dans ces circonstances. La solution viendra de notre fille, qui me propose de garder notre petits-fils, Firmin, âgé de dix mois. Ce sera plus pratique pour elle ; surtout, elle sait qu'être avec mes petits-enfants m'est un immense bonheur. Et plus de mensonge…

L'enterrement de ma belle-mère n'était certainement pas le meilleur moment pour un coming out familial. Je le conçois. Mais il a cristallisé une longue situation de mensonge et de dissimulation. Et, qui plus est, ce rejet familial que je vis très durement me sera reproché. « Parles-en à ta psy ! », me répond-on quand je l'évoque. Je serais donc responsable de ce qui m'arrive. Un peu comme la femme violée ou battue qui « l'a bien cherché ! ». Il faudrait donc que j'accepte ce rejet, cette mise à l'écart, comme inhérents à ma condition. Il faudrait que je parvienne à considérer que tout est ma faute. Comme la femme violée ou battue, je n'ai eu que ce que je méritais. Ce manque de compréhension va me miner, au point d'estimer que j'avais en effet trop fait souffrir ma famille et mes amis et qu'il était temps d'en finir.

Ce week-end avait été plein de bonheur. Vendredi soir, je suis allée chercher Firmin chez sa nounou. Il m'accueille avec son si joli sourire. Arrivés à la maison, nous jouons ensemble sur le tapis du salon avec ces gros cubes qui forment une tour et qui, badaboum, se retrouvent au sol d'un petit geste de la main. Un bon bain après cette journée chaude, puis le repas avalé goulûment avec de jolis sourires entre les différentes cuillères de « petits pois carottes bio de Corrèze ». Ensuite, un bon gros dodo dans la chambre que nous avons aménagée pour son frère et lui. Samedi, courses obligent, je lui fais découvrir l'hypermarché, bien assis dans le siège enfant du caddie. Très curieux, il observe tout autour de lui avec des babillements heureux.

De retour à la maison, je lui sors les petites voitures Vtech de son frère qui parlent, chantent et clignotent lorsqu'on appuie sur le pare-brise. Je lui montre. Il comprend très vite et passera de longs moments à faire chanter le véhicule tout-terrain, le taxi et le train. Nous ferons également une longue balade autour du fort du Mont-Valérien et dans le bois de Boulogne. Ces grands moments de bonheur partagé avec mon petit-fils, que je photographie et filme, je décide de les envoyer samedi soir sur le WhatsApp familial. Je me dis que cela fera plaisir à ses parents, sa maman étant à Lille pour l'enterrement de sa grand-mère et son papa chez ses parents dans le sud de la France avec Félix. Aujourd'hui est d'ailleurs son anniversaire. Pour lui qui adore son petit frère, je tourne une petite vidéo avec Firmin tenant un panneau : « 4 ans. Joyeux anniversaire, mon grand frère ». Et puis, rien, aucune réaction, aucun commentaire…

Lorsque je ferai remarquer le lendemain qu'un petit retour m'aurait fait plaisir, notamment en ce week-end à l'écart de la famille, la réponse est violente : il y en a marre de ma gentillesse, je ne suis « gentille que par intérêt », dans une forme de « donnant-donnant ». Je tombe de haut, non seulement à cause de la violence inhabituelle des propos, mais aussi tant ces paroles sont injustes et méchantes. Toute discussion sera impossible. Les larmes se mettent à couler ; je suis pétrifiée.

Comment peut-on penser que la gentillesse existerait par intérêt, comme par un savant calcul intégrant une forme de retour ? Ou alors oui, si on considère que cette gentillesse tout au long de ma vie, que ce soit avec mes proches, mes amis ou mes équipes professionnelles, c'était pour créer un environnement humain, valorisant, respectueux des autres, propice à une forme de bien-être, contribuant à rendre la vie plus agréable et que, en retour, je préférais de la gentillesse à de l'indifférence ou de l'agressivité. Par expérience et par-delà mes utopies, j'ai constaté que la gentillesse engendre généralement la gentillesse. Me reviennent à l'esprit les mots si vrais de Janusz Korczak, cet homme merveilleux qui dirigeait à Varsovie un orphelinat pour les enfants juifs. Il les accompagna quand ils furent obligés de rejoindre le ghetto mis en place par les nazis. Il les accompagna encore jusqu'à la mort, dans la chambre à gaz du terrible camp de Treblinka : « Je n'existe pas pour être aimé et admiré, mais pour aimer et agir. Ce n'est pas le devoir de ceux autour de moi de m'aimer. Au contraire, c'est mon devoir de me préoccuper du monde, des hommes. »

Tout se met à tourner dans ma tête… Comment peut-on imaginer que lorsque je préparais un grand voyage pour les anniversaires de nos enfants (découverte du Kenya, de l'Ouest américain, de la Chine…), c'était par intérêt ou dans l'attente de je ne sais quoi ? Nous étions tellement récompensés par leur enthousiasme, leur joie et leur passion. Que pouvais-je attendre de plus ? Ou quand je les soutenais dans des moments difficiles par des petits mots, je l'aurais ainsi fait par intérêt ? Je laisserai donc le sentiment d'avoir été un mauvais parent. Tellement attachée à mes enfants, à ma femme, à ma famille, toujours à l'écoute des uns et des autres, sans jugement, soutenant dans les moments difficiles, je n'aurais visiblement pas été le bon parent espéré. Qu'aurais-je dû faire ?

Firmin ayant rejoint sa maman, je me retrouve seule avec toutes ses pensées qui s'entrechoquent dans un esprit qui se dit qu'il a peut-être tout raté. Je repense à cette fête des Pères que, pour la première fois, nous n'avons même pas célébrée en famille. À cette difficile opération du visage pour laquelle je n'ai reçu aucun message de ma famille ou de mes amis, à de très rares exceptions près. Pour me changer les idées, j'essaie de me remettre à la préparation du voyage que nous allons effectuer dans deux semaines avec notre groupe de quatre couples d'amis. Mais avec eux aussi, j'ai l'impression de vivre une forme de rejet depuis que je leur ai annoncé ma situation. Nous ne nous sommes vus que deux fois depuis ce jour de novembre où j'ai raconté mon histoire, dit que Bruno deviendrait Béa et donné la date de la vaginoplastie. Et ces deux fois ont été à notre invitation chez nous. Pas de visite durant ma longue hospitalisation et peu de contacts.

J'ai proposé de nous voir un peu avant le départ : tout le monde n'a pas répondu et ceux qui l'ont fait n'étaient pas disponibles. J'angoisse vraiment à l'approche de ce voyage. Sa préparation m'a enthousiasmée, mais je ne sens pas une passion partagée.

Je ne parviens pas à ouvrir les guides. Je pleure, je pleure. Ma famille ne veut visiblement plus de moi. Mes amis non plus. Je n'ai pas le courage d'affronter de nouveaux reproches familiaux ni un voyage où Béa n'aura pas vraiment sa place. Dans un flot de larmes, je commence à rédiger ma lettre ultime dans laquelle je veux expliquer pourquoi il vaut mieux pour tout le monde que je disparaisse. Et je m'interroge en même temps : vaut-il mieux cet endroit de la terrasse du Mont-Valérien où je suis à peu près sûre que la hauteur ne peut qu'être fatale ? Ou m'ouvrir les veines après avoir absorbé une bonne dose d'alcool et insensibilisé le poignet à l'aide de glaçons ? Je fais quelques recherches sur Internet à propos de cette dernière solution : combien de temps met-on pour se vider complètement ? Est-ce douloureux ? J'ai du mal à rédiger ma lettre et à fixer l'écran : je pleure. J'ai envie de parler une dernière fois avec un de mes meilleurs amis, un de ceux avec qui nous sommes censés partir en vacances. Il n'a pas donné signe de vie depuis des semaines. J'hésite. J'appelle. Il décroche immédiatement, mais il est au volant de sa voiture. Je ne vais pas le déranger. Je lui dis simplement que j'avais envie de lui parler, que je ne vais pas bien, qu'on se rappellera, même si je n'y crois pas, et je fonds en larmes. Il a à peine le temps de me dire qu'il me rappelle, j'ai déjà raccroché. Je reste de longues minutes inerte, assise sur le sol de notre chambre.

La sonnerie du téléphone retentit. Je ne décroche pas. Je pleure trop pour parler avec lui. Un quart d'heure après, notre fils m'appelle. Il a dû être alerté par nos amis. Discussion pas très apaisée, avant que je fonde de nouveau en larmes. Je raccroche. Il tente de me rappeler. Je suis de nouveau sans réaction. Il m'envoie des textos pour me dire qu'il a eu besoin de prendre un peu de distance, mais qu'il ne me rejette pas pour autant. J'aurais aimé aussi un contact avec notre fille, ma femme…

Je me remets à la rédaction de ma lettre. Je réfléchis à la robe que j'ai envie de mettre pour la dernière fois. Je vais me faire belle ; je sors le rouge à lèvres. Au moins, je vais disparaître dans mon « vrai » sexe. J'opte pour m'ouvrir les veines. Ce sera dans la baignoire. Je sors une des rares bouteilles d'alcool que nous possédons : un litre de rhum blanc de la Réunion qui devrait apaiser les douleurs. Je fais le test avec un glaçon sur le poignet : oui, cela anesthésie plus ou moins. Je prépare le cutter. Je finis de rédiger ma lettre en prenant soin d'indiquer le mot de passe pour accéder à tous mes codes informatiques et je l'imprime. Sur le bord de la baignoire, il me faut une photo de mes deux amours, les seuls qui m'aiment sans me juger ou me rejeter. C'était tellement bon de rire et de nous amuser ensemble. Je prends un des cadres de mon bureau avec cette photo que j'adore : dans chacun de mes bras, un de mes petits-enfants. Félixou, avec un grand sourire, à gauche, et Firmin, l'air un peu étonné, à droite. C'est ma filleule qui a pris cette très belle photo lors de mon anniversaire, en mars dernier. Des flots de larmes se remettent à couler. Ai-je le droit de leur faire ça ? Comment vont-ils vivre en sachant un jour que

« Dada » a voulu disparaître parce que la vie devenait trop dure pour elle ? Que faire ? Je reste longtemps prostrée. Je finis par composer le numéro de ma psy, à l'hôpital Tenon. Peut-être pourra-t-elle m'aider ? Mais il est déjà 22 heures ; je ne vais pas la déranger chez elle aussi tardivement. J'ai l'impression que ma tête va exploser. J'ai la tête qui tourne. Je remets le cadre à sa place. Je range le cutter, la bouteille de rhum, les glaçons. Une fois encore, mes petits-enfants m'ont ultimement influencée. Peut-être qu'en disparaissant, j'aurais cessé d'être un problème, que j'aurais rendu service à mes proches. Mais pas à mes petits-enfants, innocents de tous ces rejets que je vis, eux qui m'aiment simplement, naturellement sans se créer des problèmes quant à mon identité. Ils m'accordent un sursis, alors que j'ai perdu cette complicité avec mes proches qui me donnait tant d'énergie et de bonheur.

Je me couche après avoir pris un Doliprane pour tenter d'apaiser ce crâne qui menace d'exploser. Je n'ai pas mangé, mais je n'en aurais pas eu la volonté ni l'appétit. La nuit sera très agitée ; je ne cesse de craindre les nouveaux reproches ou les évitements que j'aurai à subir dans les prochains jours.

Réveil très tôt. Mon ami m'a laissé un message et propose que nous nous parlions n'importe quand dans la journée. Le sachant très occupé, je lui réponds par texto qu'il peut m'appeler s'il est libre à la mi-journée. Il le fera. Je m'effondrerai très vite en lui racontant ma soirée d'hier et ce rejet familial, comme amical. Nous qui étions très proches en faisant de belles virées en ULM, du vélo, du ski à Avoriaz ou des séjours dans leur villa du sud de la France, plus rien de tout cela depuis mon annonce. Mais, dit-il, cette situation n'est due qu'à un surcroît phénoménal de travail qui lui a fait perdre toute vie sociale. Et les autres couples sont visiblement dans le même cas. Nous discuterons pendant plus d'une demi-heure…

L'après-midi, je suis heureuse d'aller chercher Christine à la gare du Nord. Ce matin, au cimetière de Lille, l'urne contenant les cendres de ma belle-mère a été placée à côté de celle de son mari. Seules les quatre sœurs étaient présentes et la fille de l'une d'elles. Christine me raconte ce week-end difficile pour toute la famille. Je me rends compte en lui posant des questions que ma voix est complètement atone, sans expression. J'essaie quand même de faire bonne figure. Cela ne durera pas. Le soir, je craque de nouveau, lamentablement. J'en perds complètement mon souffle, au point de suffoquer. Christine m'aide par des exercices respiratoires. Elle me convainc de prendre rendez-vous avec notre médecin généraliste ; elle le fait immédiatement par Internet.

Je vis un véritable paradoxe. Au fond de moi, je suis profondément heureuse d'être enfin moi-même, d'avoir pu, grâce à la médecine, renaître dans le « bon » corps, de vivre ma vie de femme publiquement et entièrement ; mais à quoi bon ce bonheur s'il n'est pas partagé… Si je ressens du rejet, de la réticence ou de la honte… Pendant toute ma vie, ma féminité a dû être cachée. Aujourd'hui, pourquoi exister si je dois encore la cacher, si mes proches s'éloignent... Je me rends compte que depuis le refus familial de participer au documentaire sur mon cheminement, j'ai déjà dangereusement « craqué » quatre fois. J'ai découvert que ma famille avait une forme de honte à mon égard en refusant d'exposer publiquement ma situation. Et puis, j'aimerais tellement continuer à être utile, comme je l'étais quand j'étais actif.

Hasard des rendez-vous, le lendemain était prévue ma rencontre régulière avec la psychologue. Je lui raconte évidemment cette souffrance qui m'a envahie depuis le décès de ma belle-mère et ses conséquences, les reproches ou l'indifférence de mes proches, l'éloignement ressenti d'une partie de nos amis et le documentaire sans suite. Pour une fois, Jennifer Huet va beaucoup s'exprimer. Elle m'explique que cette « souffrance » est habituelle à l'issue de la transition. Que nombre de ses patientes vivent ces moments difficiles, alors qu'elles pensent que toutes leurs difficultés sont définitivement dépassées… Que nous vivons dans une temporalité différente de notre entourage. Tout à notre bonheur d'être enfin celle que nous aurions toujours dû être, nous ne nous rendons pas compte qu'autour de nous, un long processus de compréhension et de maturation doit s'opérer face au père, au mari, au frère, au beau-frère, à l'oncle, à l'ami devenu femme. « Ce changement physique, ajoute-t-elle, vous l'avez imaginé, rêvé, préparé depuis très longtemps ; c'est une forme d'aboutissement. Pour vos proches, c'est au contraire un début, une nouvelle façon de vous voir, de vous apprécier. Il faut leur laisser du temps… » Viennent s'ajouter deux difficultés : la difficile acceptation de ma retraite et une hypersensibilité très fragilisante.

Visiblement inquiète, Jennifer Huet souhaite que je consulte un de ses collègues psychiatres, notamment pour reprendre un traitement. Or, en cette période estivale, ils sont tous en congé. Mais j'ai rendez-vous le lendemain avec ma médecin généraliste qui connaît bien mes fragilités, puisqu'elle avait prescrit le traitement lors de mon burn out de 2015. Elle approuve cette « solution », tout en précisant de ne pas hésiter à l'appeler en cas de difficulté. Me voilà repartie pour un traitement antidépresseur, moi qui pensais très naïvement que cette transition serait le début d'un bonheur intégral tant espéré. Il me faut aussi admettre que la transidentité, encore peu connue, n'est certainement pas facile à comprendre et à intégrer rapidement pour les proches.

Quelques jours plus tard, je vais un peu mieux quand nous nous retrouvons chez notre fille pour fêter les quatre ans de Félix. Mon cas est « tabou », car nous n'en parlerons pas. Mais la soirée est sympathique.

Les antidépresseurs font leur effet et c'est plus détendue que je prépare bagages et documents pour notre périple de l'été à travers l'Europe. Je l'ai intitulé « Route 67 » en référence à celui de l'année dernière sur la mythique Route 66, qui nous avait menés de l'Oklahoma à la Californie.

Lors de notre dernier repas en terre américaine, l'un de nos amis motards avait lancé l'idée de l'Europe. Lui seul et sa femme savent, à ce moment, que, l'année prochaine, Bruno n'existera plus. C'est pendant la convalescence consécutive à la vaginoplastie que je préparerai notre périple.

En ce mois d'août, nous découvrons l'Italie du Nord, puis la Slovénie et la Croatie. J'ai proposé un crochet par la Bosnie-Herzégovine voisine : depuis des années, je rêve de voir l'extraordinaire pont médiéval de Mostar, dont la destruction pendant la guerre civile yougoslave m'avait particulièrement choquée.

C'est précisément à Mostar, lieu tant attendu, que je m'effondre. Les opérations récentes, les hormones, les kilomètres et une organisation quotidienne pas toujours facile pour répondre aux souhaits de tous ont eu raison de ma résistance : épuisement total. À l'hôtel de Mostar, je m'écroule et fonds en larmes. Je ne quitterai pas le lit de toute la soirée, incapable de quoi que ce soit, notamment de me rendre jusqu'au pont ; j'avais pourtant tellement envie de le photographier de nuit avec cet éclairage le mettant en valeur. Christine veut rester avec moi de peur que des idées noires m'aient à nouveau envahie. Je parviens à la convaincre de rejoindre nos amis pour aller dîner. Je suis fatiguée, ma seule envie est de dormir et de récupérer.

Même s'il est vrai que partir pour la première fois en vacances « naturellement » en tant que femme est extraordinairement fabuleux, je suis dans le doute et les craintes en ce qui concerne nos amis. D'un côté, ils semblent tout à fait sereins et naturels face à « une nouvelle amie » (titre du très beau film trans de François Ozon), de l'autre, ils n'évoquent jamais cette nouvelle situation qui met à mal la parité du groupe. J'en parlerai à deux d'entre eux. Pour l'un, il n'y a aucune question à se poser ; tout cela ne change rien à notre amitié ni à son attitude et il en profite pour m'interroger sur ma nouvelle vie et ses multiples conséquences. Pour l'autre, dont je suis proche depuis plus longtemps, cela semble plus compliqué. Nous aurons une discussion très honnête et franche. Il m'avoue qu'il a toujours du mal à intégrer le fait que son ami « Bruno » soit devenu une femme. Il ne s'agit pas d'un rejet, mais il reconnaît qu'il lui faut encore du temps pour se faire à cette situation. Il n'est pas gêné d'être à mes côtés, mais c'est intérieurement qu'il doit « digérer » ce changement inattendu.

Je repense aux propos de ma psy : la temporalité est très différente entre celles qui ont attendu tellement longtemps d'être enfin elles-mêmes et qui voudraient une reconnaissance et une intégration rapides, et les autres qui se voient confrontés à une relation, une amitié ou un amour nouveaux et totalement inattendus. Je constate aussi que ce sont les hommes hétéros qui semblent avoir le plus de difficultés avec la compréhension de la transidentité et du transsexualisme. Ils ne sont pas transphobes ; il leur est juste difficile d'imaginer qu'homme, on puisse devenir femme, qu'homme, on se sente si mal dans ce « mauvais » corps au prix d'une terrible souffrance, qu'homme, on soit au fond de soi-même de l'autre sexe. Pour beaucoup d'hommes, la transidentité est souvent incompréhensible. Elle remet en cause la virilité, leur virilité. Elle leur fait se poser beaucoup de questions qu'ils n'avaient jamais imaginées (voir l'interview de Jennifer Huet, psychologue, en fin d'ouvrage). Un pas de plus et l'on peut penser qu'il est inconcevable pour certains homme de quitter le statut « privilégié » du « sexe fort »…

Un de mes amis journalistes dans les Hauts-de-France, à qui j'avais annoncé la « nouvelle » lors des vœux 2019, m'a répondu avec beaucoup de sincérité en commençant d'ailleurs son mail (involontairement, je pense) par un « Bonjour Bruno » : « J'ai pris le temps de te répondre, car la nouvelle que tu nous annonçais était pour le moins surprenante, voire déstabilisante, et je ne voulais pas d'une réponse convenue, genre "dont acte" ou "bon courage". Ton mail m'a aussi obligé à me poser quelques questions personnelles. D'abord, je vis depuis que je suis jeune dans un univers de virilité exacerbée, celui du rugby, avec tout ce que cela peut comporter de positif (courage collectif, solidarité masculine) et de négatif (machisme, goût pour la violence). Un monde que l'on aime ou que l'on peut détester, mais qui est le mien, et qui me place à une distance considérable de la situation que tu décris.

Ensuite je suis, à titre personnel, je l'avoue, désarçonné par ce genre de nouvelles. Je pense être plutôt curieux et ouvert aux autres, ne serait-ce que par mon métier ; mais je sais aussi que je peux manquer de tolérance, d'ouverture d'esprit, voire de bienveillance devant certaines situations extrêmes. J'en suis conscient (c'est déjà ça !), j'essaie de faire mieux, mais ce n'est pas forcément simple. Enfin, j'avoue que je pense beaucoup à tes proches, en particulier à Christine pour qui le choc a dû être terrible et la détresse, profonde. »

Un peu plus loin : « Ceci étant posé, j'essaie, sans bien y parvenir, de mesurer quelle a pu être ta souffrance pendant toutes ces années passées dans la peau d'un autre, ou plutôt d'une autre, devrais-je écrire. Elle relève forcément de l'intime, de l'indicible, elle doit être très difficile à avouer, à expliquer et à verbaliser, même pour quelqu'un qui exerce un métier d'expression, de communication. Tu as dû passer par toute une série de prises de conscience, mais aussi de renoncements, difficiles à vivre. Il faut, je le pense sincèrement, beaucoup de courage, et tu l'as eu. »

Ce mail éclaire bien ce que peuvent encore ressentir en 2019 des hommes bien installés dans leur statut et leurs certitudes. Mais je salue l'honnêteté de cet ami qui me permet de mesurer l'ampleur du travail d'explications qu'il faut continuer de mener pour faire évoluer les mentalités. Je lui fournis encore quelques clés dans ma réponse : « Merci cher P. pour tes mots honnêtes et bienveillants. J'ai trouvé ton "analyse" très intéressante sur ton "univers de virilité exacerbée". Car c'est pour moi un univers que j'ai toujours fui avec une détestation profonde. Je n'ai jamais réussi à supporter les ambiances de mecs en groupe. Jeune, j'ai toujours eu plus d'amies que d'amis. Non pour les draguer, mais parce que je me sentais tellement proche d'elles et que je les enviais… Ceci explique cela. Je reconnais que mon annonce est déstabilisante. Mais si tu savais le bonheur d'être enfin moi-même… »

S'il est vrai que la transidentité peut sembler « nouvelle » dans notre société, elle est déjà connue dans l'Antiquité grecque. Hermaphrodite en est une illustration. Fils d'Hermès et d'Aphrodite, il devient, par la volonté de la naïade Salmacis, un être bisexué. Celle-ci, fortement éprise d'Hermaphrodite, demande aux dieux d'être unie à lui. Souhait exaucé de la manière la plus extrême : le couple ne forme plus qu'un seul être, homme et femme. Il y a également le mythe de Tirésias, devenu femme, ou celui de la princesse Cénis, devenue le héros Cénée. Reconnaissons que ce ne fut pas dans des circonstances très flatteuses. Pour Tirésias, il s'agissait d'un châtiment divin. Devenir femme était donc une punition… Pour Cénis, ce fut une compensation au viol qu'elle avait subi du dieu Poséidon. Cette fois, la transformer en héros, en homme, était une valorisation… Le sexisme, on ne le sait que trop bien, n'est pas nouveau.

Passé le moment de surprise, les amies femmes n'ont montré aucune appréhension. « C'est normal, nous sommes tellement heureuses d'accueillir une nouvelle parmi nous », plaisantait mon orthophoniste. Non plus les amis homosexuels, qui, contrairement aux hétérosexuels, sont loin de baigner dans des certitudes. Ils m'ont tous raconté leurs moments de doutes, d'interrogations, d'incompréhension. Beaucoup de « pourquoi », souvent sans réponse… Encore une fois, on ne choisit pas d'être homo ou trans. Ce n'est ni une lubie ni une mode. Ni, comme le pensent encore certains dans quelques partis politiques ou groupes religieux, une maladie ou une perversion. Nous sommes ainsi, sans l'avoir voulu, dans une société qui ne peut qu'être diverse, ouverte et tolérante.

Trois jours après notre retour de la « Route 67 », nous voici reparties, Christine et moi, au Touquet avec Félix et son petit frère Firmin. Nous y passerons une semaine exceptionnelle, et fatigante, avec un soleil quasi quotidien, ce qui est plutôt rare fin août dans le Pas-de-Calais. Un matin, Félix me regarde attentivement : « Dis, Dada, tu n'as plus de traces sur le visage. » Il est vrai que dix jours après l'opération, il s'était inquiété des hématomes bien visibles. « Tu as raison. Et maintenant, mon visage est un visage de fille. » « Ah oui ! Dada garçon, c'est fini. » « Oui, maintenant, c'est tout le temps Dada fille. » « Oui, Dada Béatrice », me lance-t-il l'air coquin avec un grand sourire.

Firmin découvre pour la première fois la plage et la mer. Le sable l'intrigue : il en prend une poignée qui s'échappe entre ses petits doigts. Ça l'amuse… Il recommence. Il découvre également l'eau de mer et moi, j'inaugure mon premier maillot de bain féminin. Je me sens à l'aise et heureuse, alors que j'avoue avoir une passion limitée pour les plages et leur oisiveté. Mais là, avec deux petits-enfants très actifs, c'est super. Dans un salon touquettois, j'inaugure également ma première séance esthétique avec la pose de vernis semi-permanent. J'adore avoir les ongles décorés d'un joli rouge. Lundi prochain, c'est la rentrée et j'ai envie d'être belle et féminine.

56-59 ans

Je vais avoir 57 ans et je n'en peux plus de ce secret : je le dissimule depuis si longtemps, il me mine chaque jour un peu plus. Aujourd'hui, je me dis que je suis plus près de la fin que du début de ma vie, et les années défilent dans ma tête avec cette infinie tristesse d'avoir vécu en étant quelqu'un que je n'aime pas. Bien sûr, ma vie familiale, professionnelle est loin d'avoir été un enfer. C'est même tout le contraire : une femme que j'ai toujours beaucoup aimée, deux enfants formidables, aimants et attachants, et le métier que je souhaitais, au cœur de l'information. Mais, depuis quelques années, Élodie et Aurélien ont pris leur envol, et je souffre encore plus d'être dans le mauvais corps.

J'ai enfin réussi à mettre un nom sur ma situation, la transidentité, et sur ce syndrome, la dysphorie de genre. Pas de doute, tout ce que j'ai pu lire sur Internet correspond à ce que je vis, à ce que je vis de plus en plus mal. Je découvre des témoignages dans lesquels je me retrouve. Je commence à constituer un dossier « transidentité » en imprimant les documents explicatifs, médicaux ou psychologiques, et des récits personnels. Mais comment vais-je m'y prendre pour expliquer tout cela à Christine, la première à qui je me dois d'en parler, elle avec qui je partage ma vie depuis tant d'années ? La manière dont elle risque de réagir m'angoisse. Beaucoup de témoignages évoquent des divorces, des familles disloquées avec des enfants qui ne veulent plus voir leur père trans, des tentatives de suicide... J'y pense souvent, tant je ne parviens pas à m'imaginer vivre seul(e), sans amour, sans famille. Et j'ai bien conscience que je vais au-devant d'un cataclysme familial. Comme souvent, dans des situations difficiles, j'inverse les rôles : comment réagirais-je si Christine m'apprenait qu'elle est trans, qu'elle s'est toujours considérée intérieurement comme un homme, qu'elle veut être enfin dans son vrai sexe ? Oui, comment réagirais-je ?

Les circonstances sont bizarres, mais il fallait bien saisir une opportunité. Un soir de ce début 2013, nous sommes allongés dans notre lit et Christine me pose une question anodine, consécutive à une lourde opération de la hanche qui remonte à quelques mois : « Pour ton ordonnance concernant tes bas de contention, je pense que le mieux est que je te commande des chaussettes, c'est plus facile à enfiler. » Ma réponse, elle, ne sera pas anodine : « Je préférerais des bas. Pour moi, c'est plus féminin et, je te l'avoue, cela va être certainement brutal, mais je me suis toujours senti femme. » Lourd silence. « Oui, depuis ma petite enfance, je me suis toujours senti mal dans mon corps, avec cette souffrance de ne pas être une fille, alors que, dans mon esprit, je savais que je l'étais. Toute ma vie, je n'ai pas su mettre des mots sur cette souffrance que j'ai dû cacher, te cacher, faute de comprendre moi-même ce que je ressentais. » Entendre mon histoire est terrible pour Christine. Et pour moi, à chaque phrase, je crains de la perdre, de la perdre au sens propre, qu'elle me rejette, qu'elle me bannisse de sa vie… Elle est anéantie. Comment ce mari aimant, attentionné, ce papa poule peut-il avoir caché si longtemps cette « horrible » vérité ? Oui, il est transgenre. Depuis sa prime enfance, il n'a jamais supporté d'être un homme. « Tu m'as menti, tu m'as trahie… » Le choc est intense. Plus tard, elle utilisera le mot de

« tsunami » pour qualifier ce moment. Je lui prends la main et lui explique mon histoire. Cette nuit-là, nous dormirons très mal.

Le lendemain soir, Christine a de nombreuses questions à me poser sur la transidentité. Je lui avais laissé le dossier. Elle n'a pas osé l'ouvrir. Elle doit d'abord digérer tout ce que je lui dit, comme ce bonheur intense lorsque je suis femme, quand ma tenue est en accord avec mon être. Christine est d'un courage immense ; elle écoute et m'interroge. Elle veut comprendre ce lourd et long secret. Elle que je n'ai jamais vue s'effondrer m'apprendra longtemps après qu'elle avait beaucoup pleuré les jours qui suivirent ce tsunami. C'est d'autant plus dur qu'elle ne veut en parler à personne. Dans un premier temps, ce sera notre secret à tous les deux.

Christine s'inquiète de notre avenir. Allons-nous continuer à vivre ensemble ? « C'est mon souhait le plus profond, lui dis-je. Je t'ai toujours aimée et, pour moi, rien ne change dans notre amour. » Elle décide de me soutenir, comme, rappelle-t-elle, je l'ai soutenue il y a quelques années lors d'un passage difficile. Plus tard, elle expliquera à des amis : « Nous nous sommes mariés pour le meilleur et pour le pire. » J'ajouterai en riant : « Merci pour le pire ! »

Elle accepte que je sois femme les week-ends où nous sommes seuls. Quelle surprise pour elle et quelle appréhension pour moi que ce premier samedi où je descends de notre chambre vêtu d'une jupe et de collants, avec ma perruque et le visage maquillé ! J'ai enfin pu sortir le carton et les sacs plastique cachés dans le local technique. Je crains sa réaction en découvrant pour la première fois son mari féminin. Elle me scrute de la tête aux pieds, me trouve belle et s'étonne de la qualité de mon maquillage : « Il faudra que tu me donnes des cours ! » En revanche, elle apprécie moins mes chaussures à talons qu'elle estime trop hauts. Comme la plupart des personnes transidentitaires, je suis dans ma période « adolescente » et, à l'instar d'une jeune fille, je veux révéler ma féminité de manière parfois un peu voyante ! À l'époque, je ne mets que des jupes, des robes, des talons, et je ne sors jamais sans maquillage ni ongles vernis, ou faux ongles quand ils sont trop courts. Mais que je suis heureuse et sereine ainsi ! Christine m'en fait souvent la remarque, elle qui me trouve trop « hyper-actif », toujours impatient et souvent angoissé. En riant, je lui réponds : « Comment veux-tu que je sois pressé avec des talons ? Tu vois, je regarde le monde plus posément, avec sérénité. » J'adore aller faire les courses le samedi matin à La Défense. Je vérifie toutefois que personne du lotissement n'est dans les parages avant de sortir la voiture du garage. Le dimanche soir, comme Cendrillon, je dois malheureusement quitter mes habits de princesse, plus simplement de femme, pour retrouver le lendemain mon accoutrement masculin tellement peu réjouissant : chemise et pantalon.

Petit à petit, avec, au début, beaucoup de réserves compréhensibles, Christine accepte que nous sortions ensemble. Elle craint énormément le regard des autres. Ce que je comprends aisément. Elle est loin d'être homophobe, mais ne veut pas être considérée comme la lesbienne qu'elle n'est pas, ce à quoi je lui dis que nous pouvons sortir comme deux copines, deux sœurs ou belles-sœurs. D'abord, un cinéma, puis un restaurant… Au fil du temps, Christine constatera : « Finalement, personne ne nous regarde bizarrement. Personne ne nous fait de remarques. »

En revanche, Christine reste intransigeante par rapport aux enfants. Elle s'oppose farouchement à ce que je les mette au courant de ma transidentité. Secrètement, elle me le confiera longtemps après, elle espère que je me satisferai de mes week-ends fille, comme je les appellerai, et que tout cela restera entre nous. Elle envisage même un déménagement pour ne pas être confrontés à la découverte de notre « secret » par nos voisins. De mon côté, j'espère que les craintes de Christine s'apaisent avec le temps. Mais je sais que je ne pourrai continuer à vivre le reste de ma vie avec ces intermèdes féminins, qui s'apparentent plus à du travestisme qu'à une véritable vie féminine. Je veux être une vraie femme. Intérieurement, je l'ai toujours été, physiquement, je veux le devenir. Le livre d'Olivia Chaumont m'a montré que mes attentes pouvaient devenir réalité. Je me garde bien d'effrayer Christine avec cette détermination, d'autant plus renforcée que je vais atteindre la soixantaine, que j'ai franchi depuis longtemps déjà la moitié de ma vie et que je ne veux pas mourir dans le mauvais corps. Un jour, Christine me pose la question : « Tu ne vas tout de même pas te faire opérer ? » Je préfère temporiser en répondant vaguement : « On verra. Pas maintenant en tout cas. »

Je suis dans une impasse. Je ne me vois pas non plus passer du jour au lendemain du statut d'homme à celui de femme à Radio France. Je n'ai pas le courage d'affronter remarques, étonnements, moqueries ou rejets. La transidentité reste un sujet dont on ne parle pas, complètement méconnu de la plupart des gens. Pour certains, homosexualité et transidentité se confondent ; pour d'autres, leurs connaissances se résument aux « Brésiliennes » du bois de Boulogne qui, évidemment, font l'objet de plaisanteries graveleuses.

Toutes ces questions, ces attentes, ces inquiétudes bouillonnent dans ma tête. Heureusement, nos enfants suivent sans trop d'accrocs leur petit bonhomme de chemin et nous rendent heureux. Élodie a obtenu son master 2 en production audiovisuelle avec une mention très bien. Après un long remplacement chez Disney France, elle a trouvé une autre société de production et s'est pacsée avec son amoureux. Aurélien a également brillamment réussi son école de commerce, spécialisée dans l'entrepreneuriat. Il souhaite créer sa propre entreprise, mais en refusant la logique capitaliste. Il vient de se marier et nous avons fait à Arcachon une superbe fête avec familles et amis. Mais, la veille du mariage, j'ai lamentablement craqué dans un restaurant. Je suis vidé avec un esprit en bouillie, je ne comprends plus qui je suis et où je vais et la crainte de perdre mes enfants me hante.

À France Info, mon travail me permet de trouver une forme d'équilibre. De même que ces parenthèses enchantées que sont mes cours et mes formations. Régulièrement, je pars dans les îles travailler avec les rédactions d'Outre-mer La Première (ex-RFO) afin d'améliorer leurs antennes. Comme l'année dernière, en 2013, à Tahiti. Je me rends également en Algérie pour assurer des formations auprès des responsables de rédaction et des journalistes de la Radio algérienne, après être allé plusieurs fois en Roumanie pour aider la radio nationale publique à monter un projet de radio d'information en continu.

En mai 2014, le Conseil supérieur de l'audiovisuel (CSA) nous offre un jeune PDG, Mathieu Gallet, avec un vrai projet de développement de nos radios, notamment dans le numérique. Il nomme rapidement un nouveau directeur à France Info, Laurent Guimier pour redresser l'audience de la chaîne et en faire un « média global ». Contrairement à certains de ses prédécesseurs, qui n'avaient pas une grande considération pour le secrétariat général et son activité : nous partageons beaucoup de valeurs humaines et professionnelles. Et tant mieux, car le chantier que Laurent Guimier lance dès son arrivée est considérable et chronophage. À trois mois de la rentrée, nous repartons de zéro pour mettre au point une nouvelle grille et une nouvelle organisation qui fait la part belle à l'actualité, en réduisant drastiquement les chroniques, plutôt intemporelles. Pour moi, dans un laps de temps très limité, ce sera un travail titanesque de réorganisation complète de la rédaction et de l'antenne avec une multitude de versions avant de trouver la meilleure pour nos auditeurs, notamment ceux qu'il nous faut reconquérir, et pour nos équipes. Je bouclerai le nouveau mode de fonctionnement et ses plannings la veille de mon départ en vacances à la fin du mois de juillet. Je suis épuisé, mais heureux de l'ambiance amicale qui règne au sein de notre équipe de direction, ainsi qu'avec la rédaction et ses journalistes.

Et puis, je suis ravi qu'un projet qui me tenait à cœur depuis plusieurs années soit accepté avec enthousiasme par notre nouveau directeur, après plusieurs refus des directions précédentes. Je propose la création d'une agence interne puissante qui centralise toutes les informations, les vérifie, les valide et les distribue aux présentateurs et aux journalistes multimédias. Plus de déperditions et une sécurité accrue dans l'exactitude des nouvelles. Laurent Guimier me charge de mettre au point le projet.

Depuis ma nomination il y a maintenant dix ans, les effectifs de France Info n'ont cessé de croître et l'organisation s'est complexifiée. Les activités et les réunions au sein de Radio France se multiplient. Et je suis toujours seul. Pas d'assistant(e) pour me décharger de certaines charges administratives. Côté personnel, j'ai l'impression de ne pas avancer sur mon identité, d'être dans une impasse masculine. Un matin de mars 2015, je suis pris de vertiges en me levant. Je me sens vidé, sans énergie. Arrivé comme d'habitude vers 8 heures au bureau, je ne parviens pas à me concentrer, rien n'est stable autour de moi, mon cœur s'emballe. Prise en charge par le service médical de Radio France. Conclusion : état d'épuisement profond. Verdict : burn out. Six semaines au moins d'arrêt. C'est en pleurs que je l'annonce à Laurent Guimier. Remonter la pente sera long. Les deux à trois premières semaines, je suis incapable de me concentrer sur quoi que ce soit. Faute de temps, j'ai accumulé beaucoup de lectures en retard, de vidéos à monter ou de photos à classer, mais impossible de m'y mettre. J'ai l'impression d'être la négation de moi-même.

Ce burn out n'a pas eu d'incidence sur mon activité ni sur le fonctionnement de la radio. Au même moment, commence en effet une des plus longues grèves de l'histoire de Radio France contre les réformes et le plan d'économies ! Je décide de reprendre le travail avant la fin de mon arrêt, juste au moment où la grève cesse. Une reprise de travail certainement trop rapide, car un mois plus tard, encore fragile, je suis touché par une infection qui m'impose un nouvel arrêt.

Cette période difficile s'achève par une embellie professionnelle inespérée. Le poste de médiateur des sept antennes de Radio France va se libérer et l'on a pensé à moi. Ce poste me fait rêver, mais je le pensais inaccessible, souvent réservé aux « copains » des présidents ou aux « placardisés ». Mathieu Gallet, que je rencontre, approuve mes propositions d'amélioration du poste et m'assure que je disposerai d'une indépendance totale, nécessaire à sa crédibilité. Promesse tenue, et le jour où la direction de la communication fait savoir qu'elle souhaite relire un de mes articles, il rappellera immédiatement que c'est inconcevable.

À côté de ce nouvel avenir professionnel, un autre avenir, et un autre bonheur, surgit en ce mois de juillet : nous sommes grands-parents. Notre fille est la maman de notre premier petit-fils, Félix. Le cycle de la vie… Cet accouchement me marque énormément, comme, il y a quelques mois, l'annonce de la grossesse d'Élodie. Cette annonce, heureuse, a peut-être contribué à perturber encore un plus mon esprit déjà très embrouillé et fatigué à la veille de mon burn out. Toujours ce manque d'avoir pu donner la vie, autrement que par un simple spermatozoïde… Je n'aurai jamais de réponse à cette question, ayant refusé, stupidement, de voir un psy à ce moment-là.

Ma première rentrée de femme active

Ce lundi 2 septembre 2019 est une date importante. Cette rentrée n'est pas comme les autres. Pour la première fois, me voici telle que j'aurais voulu être toute ma vie, une femme professionnelle. Aujourd'hui, je n'irai pas à Sciences Po à vélo. Pour ce jour unique, qui marque un nouveau début, lui aussi tant espéré, je mets une jupe, des talons et me maquille soigneusement. Je sais, bonjour les stéréotypes… En arrivant dans la grande salle de la direction, j'aurai droit à un « mais tu es bien jolie » qui me ravit.

Face à moi, 21 étudiants pour mon premier cours « nouvelle version » et pour leur tout premier cours, puisqu'il est 8 h 30 et qu'ils sont en première année. J'adore ces moments privilégiés où on passionne des jeunes à un métier enthousiasmant et exigeant. J'adore voir leur évolution et leur progrès au fil de nos séances. Mais, en ce jour de rentrée, je vais devoir me dévoiler. J'ai une petite appréhension : me voici repartie pour un coming out et, cette fois, devant 21 personnes. Évidemment, il est hors de question de cacher quoi que ce soit.

En essayant de prendre une voix la plus féminine possible, pas encore totalement au point, je demande aux étudiants de se présenter l'un après l'autre. Puis c'est mon tour : « Je suis une journaliste formatrice, bien qu'à la retraite depuis janvier. Mais avant, tous mes postes étaient au masculin. Je pense que je ne vous apprendrai pas grand-chose, car je suppose que vous avez fait des recherches sur moi. » Timidement, quelques-uns approuvent. Je les rassure en leur disant qu'ils ont agi en bons journalistes. Après une rapide présentation de mes différentes expériences professionnelles, je prends quelques minutes pour leur expliquer que j'ai dû attendre la retraite pour oser enfin devenir moi-même, que la dysphorie de genre est une longue souffrance, que je me suis fait opérer en février, que je suis heureuse d'être avec eux et que s'ils ont un jour envie d'en savoir plus sur la transidentité, je suis prête à en parler librement, hors cours évidemment. Je leur précise que je souhaite que l'on se tutoie, comme dans une rédaction. Je sais que ce n'est pas toujours évident pour eux, vu les quarante ans en moyenne qui nous séparent, mais j'y tiens afin qu'ils se sentent déjà dans l'univers professionnel et non pas à l'école. Le cours peut commencer, comme n'importe quel autre cours… J'espère être aussi performante que « Bruno » avait dû l'être l'année dernière. À Sciences Po, les enseignants aussi sont évalués. J'avais été classé dans la catégorie « excellent » par 14 étudiants et dans « bon » par un…

Cette année, je serai plus présente à l'école. J'ai répondu avec enthousiasme à la proposition d'Alice Antheaume, la directrice générale, et son adjointe, Aurore Le Grix de la Salle, pour être la conseillère pédagogique d'étudiants de première année afin de les accompagner pendant toute leur scolarité, les conseiller, les écouter et faire le lien avec la direction. À la mi-septembre, je reçois un par un chaque étudiant, il s'agit de mieux les connaître et de leur expliquer ce que je peux leur apporter. Presque tous les CV ont déjà un beau parcours après une mention « très bien » au bac. Cela ne signifie nullement qu'ils sortent des beaux quartiers avec des parents cadres supérieurs. Plusieurs viennent de banlieues populaires avec une véritable envie de réussir dans le journalisme. Et, pour certains, Sciences Po représentait une ambition qu'ils jugeaient quasi inaccessible… Une étudiante, issue d'un milieu très modeste de parents d'origine berbère, m'avoue avoir ressenti le « syndrome de l'imposteur », ayant du mal à considérer qu'elle était ici « à sa place ». Aujourd'hui, elle se sent parfaitement intégrée. C'est un honneur pour Sciences Po d'avoir été une des premières écoles universitaires à s'ouvrir aux jeunes qui n'avaient pas forcément les codes et les soutiens pour accéder à une formation d'excellence. Une étudiante profitera de cette rencontre pour me poser quelques questions sur la transidentité. Une saine curiosité de journaliste…

Deux jours après cette rentrée, embarquement à l'aéroport Roissy-Charles de Gaulle pour vingt-quatre heures de voyage. Je vais renouer avec les formations que j'assure depuis 2001 pour les stations d'Outre-mer La Première. L'Université France Télévisions m'a proposé de partir en Nouvelle-Calédonie pour travailler l'écriture radio et les techniques d'interview avec plusieurs journalistes de la station. Encore plusieurs « premières fois » : le franchissement de frontières non européennes avec mon passeport tout neuf et féminin, un long périple en avion en tant que femme et une formation en jupe. Accueillie par la responsable des ressources humaines de La Première, notre discussion porte rapidement sur « dois-je en parler ou non ? » Pour elle, ce changement ne regarde que moi et il n'y a aucune raison d'évoquer ma transidentité. Elle a raison sur le fond. Toutefois, ajouté-je, nous avons affaire à des journalistes qui se sont certainement renseignés, d'autant plus que je suis déjà venue deux fois en m'appelant Bruno. Mon nom, peu courant, affublé d'un prénom différent ne peut manquer de susciter des interrogations : est-ce sa femme ? Sa sœur ? Ou… ? L'administrateur de la station est, comme moi, plutôt favorable à la transparence.

La première à se présenter pour cette session est une journaliste d'une cinquantaine d'années, ex-animatrice, qui a déjà suivi mes deux précédentes formations. Toutes deux conviviales et passionnées, nous nous étions bien entendues. « Béatrice Denaes, bonjour. » Elle scrute mon visage : « On ne se serait pas déjà rencontrées ? » « Si, il y a trois ans. Mais à l'époque, je m'appelais Bruno. » Elle sourit : « Mais oui ! Allez, on se fait la bise. » J'estime qu'une formation ne peut s'effectuer que dans une ambiance de confiance, d'échanges et de proximité. Une fois tous les « stagiaires » arrivés, je commence donc par une présentation, rodée depuis Sciences Po : « Je suis journaliste formatrice, mais tous mes postes précédents se déclinent au masculin. Voici pourquoi… » Cette semaine sera très intéressante avec des journalistes remettant en question de mauvaises habitudes et avides de progresser. Je rencontre des jeunes femmes canaques, sorties depuis peu d'écoles de journalisme en métropole et revenues au pays. Elles sont douées, enthousiastes, exigeantes, avec de jolies voix claires et précises. Un fort potentiel pour leur station…

« Alors, comment allez-vous ? » petite question rituelle de ma psy à chaque début de séance. « Merveilleusement bien. » Je lui fais part du bonheur d'avoir retrouvé des activités professionnelles, surtout de les assurer comme j'aurais tellement aimé le faire durant toute ma vie : en tant que femme. Et j'ajoute : « Concernant mon état, il y a aussi un peu de "triche", puisque je prends chaque matin un antidépresseur. » Bien sûr, il ne s'agit que d'une aide pour éviter les idées noires et ne pas replonger, mais, supportant mal de ne pas tout maîtriser, j'ai l'impression d'avoir cédé un peu de mon self-control à un « agent extérieur », ce médicament qui me maintient artificiellement dans des limites de réactions « raisonnables ». Je me sens un peu moins moi-même, une partie de mon esprit m'échappe. Mais c'est si appréciable de se sentir bien, de pouvoir prendre du recul face à des situations contrariantes…

Des situations familiales contrariantes comme celle à laquelle je vais être confrontée en ce mois de septembre. Une fois encore, il s'agit de ma belle-famille. Carole, une des cousines de ma femme, organise dans le Nord une cousinade. Un moment qui ne peut qu'être sympa avec les enfants et les petits-enfants des uns et des autres… Le genre de réunions familiales que j'adore avec leur mélange de générations, les retrouvailles et les échanges amicaux, les rencontres et les discussions avec ces cousins et ces cousines un peu plus jeunes que nous. Mais je comprends très vite que, de nouveau, je ne serai pas la bienvenue. Au moment des obsèques de ma belle-mère, ce n'était, m'avait-on dit, pas le bon moment pour annoncer ma situation. Certes, mais cela aurait pu être fait avant. Cette cousinade est dans deux mois, un délai suffisant pour prévenir que Bruno est devenu Béatrice. Un argument refait surface : les tantes, sœurs de ma belle-mère, et leurs maris sont d'une génération qui ne connaît pas la transidentité et leurs convictions religieuses pourraient très bien engendrer une incompréhension, sinon un rejet.

Tout cela me révolte. Comment peut-on penser à la place des autres ? J'en reviens toujours à ce constat, certainement excessif et injuste : derrière des paroles d'ouverture, ma famille a honte de ce que je suis devenue. Elle craint toujours le regard et les réactions extérieurs. Quel manque évident de courage ! Oublions un instant ma situation et installons-nous dans une machine à remonter le temps. Nous voici trois ou quatre décennies en arrière. Nous aurions des enfants d'une vingtaine d'années, dont l'un aurait des enfants hors mariage ou serait homosexuel, l'autre aurait avorté ou aurait divorcé. Aurait-on évité de parler de la situation des enfants, leur aurait-on interdit des réunions de famille de peur qu'ils choquent ? Peut-être, mais dans ce cas, j'aurais été le premier à monter au créneau et à dénoncer une telle attitude, quitte à boycotter ces réunions. Aujourd'hui, je suis dans cette situation, et personne ne s'offusque de cette honte et de cette invisibilité familiales que l'on m'impose.

Trois mois après l'opération du visage et huit mois après celle de réassignation, je revoie Sarra Cristofari pour une consultation. Nous nous apprécions suffisamment pour nous appeler désormais par nos prénoms. Ce matin, l'auscultation sera rapide. Tout va bien côté vagin ; quant au visage, les cicatrices ont quasiment disparu. Sarra me précise qu'il faut quand même compter deux ans environ pour une cicatrisation complète du vagin. Il est constitué des peaux externes de mon ex-pénis, et non de muqueuses comme dans un « vrai » vagin ; il me faudra donc continuer régulièrement à y introduire un dilatateur pendant une quinzaine de minutes. Nouveau rendez-vous est pris pour dans six mois.

Progressivement, depuis quelques semaines, mon visage redevient sensible, de même que mes oreilles. L'opération avait notamment consisté à « décoller » la peau de la partie osseuse, mettant à mal les terminaisons nerveuses. La sensation était étrange, un peu comme chez le dentiste lorsqu'on a l'impression que la mâchoire a disparu après une anesthésie locale. Maintenant que tout est normal, je décide de poursuivre ma quête de féminité. Il y a longtemps que j'ai envie de me faire percer les oreilles. Je mets des boucles d'oreilles quotidiennement, mais, à la fin de la journée, les clips finissent par devenir douloureux. À La Défense, j'ai repéré une bijouterie qui indique sur une affichette qu'elle perce les oreilles. J'y choisis une paire de boucles qu'il faudra garder jour et nuit pendant six semaines afin que le trou ne se referme pas. Légère douleur lorsque la peau est transpercée. Quelques minutes plus tard, je sors du magasin, les oreilles percées. Vivement que je puisse remplacer ces petites boucles par des boucles pendantes comme je les aime…

En ce vendredi d'octobre, quarante minutes de vélo et me voici au French Café, un restaurant de Malakoff, cette commune du sud-ouest parisien où travaille et réside notre fils. Je lui ai proposé un déjeuner rien que nous deux. J'ai envie de discuter avec lui et de renouer des liens que je ressens quelque peu distendus. L'épisode du documentaire refusé a laissé des traces. Nous avons eu quelques discussions un peu vives. Aujourd'hui, moralement plus apaisée, je souffre de cet éloignement. Bien sûr, nous avons continué à nous voir, comme lors de son anniversaire et de celui de notre second petit-fils, mais une distance s'est creusée et je voudrais que nous en parlions.

Après avoir commandé nos plats, je raconte à Aurélien que je lui en ai voulu d'avoir bloqué ce projet que j'aurais tellement voulu voir aboutir. De son côté, il m'explique que tout est allé trop vite pour lui, sa sœur et leur mère, que ce projet de film leur est tombé dessus brutalement. J'ai certainement brusqué quelque peu ma famille pour qu'Hélène, la journaliste réalisatrice, puisse filmer à l'hôpital lors de l'opération de réassignation. Puis, me dit-il, il y a eu ce changement d'orientation du documentaire, principalement tourné vers moi à l'origine, tourné ensuite vers la famille, selon le souhait des producteurs. Et, ajoute Aurélien, cela restera un refus : il ne veut pas apparaître à la télévision ni sur les réseaux sociaux. Anticipant ma réaction, qu'il a visiblement devinée, il précise qu'il n'a absolument pas honte de son père devenu femme, mais qu'il n'a aucune envie de s'exposer publiquement.

J'écoute longuement son argumentation très développée où il mêle psychologie et politique. Il préférerait que je me batte au sein d'associations, plutôt que m'exposer publiquement en n'évoquant que mon expérience personnelle et en profitant de mon statut de journaliste et de personnage connu. Pour ma part, je ne partage pas le militantisme souvent extrême et sectaire d'un certain nombre d'associations trans, avec, parfois, des attitudes contre-productives. Et nous vivons dans un monde où la personnalisation permet de mieux faire connaître une situation ou une cause. Je lui parle alors du beau livre de Bo Van Spilbeeck (*Comment je suis devenue Bo*, Les Arènes). Cette journaliste belge de la télévision flamande VTM évoque, entre autres, comment son coming out public dans le JT de sa chaîne, les reportages qui lui ont été consacrés, les interviews auxquelles elle a répondu ont permis d'exposer et d'expliquer la transidentité en Belgique. De nombreuses personnes souffrant de dysphorie de genre ont ainsi pu sortir de leur isolement, oser en parler, oser être elles-mêmes. Cela a certainement permis également à de nombreux parents d'enfants vivant un mal-être lié à leur genre de naissance de prendre conscience de leurs souffrances. D'ailleurs, le centre de sexologie et de troubles de l'identité du genre du CHU de Gand a connu un doublement des demandes après les révélations de Bo.

Je suis admirative de ce qu'a fait cette journaliste, et je le dis à mon fils. Elle a contribué à faire avancer les choses en Belgique beaucoup plus efficacement et plus positivement que des positions extrêmes qui peuvent amener à des clivages ou des rejets. Je suis dans le même état d'esprit que Bo Van Spilbeeck, même si je n'ai pas sa notoriété, et je veux continuer à faire connaître, positivement, la transidentité. Aurélien comprend que ce livre m'a beaucoup marqué, notamment quand je lui dis regretter d'avoir dû attendre de partir à la retraite pour révéler ma transidentité et opérer mon changement de sexe : un ou deux ans plus tard, Radio France ayant mis en place tout un dispositif pour sortir la transidentité de l'invisibilité, j'aurais certainement pu faire mon coming out professionnel en étant soutenue par ma société. Et comme Bo l'a fait, passer publiquement du jour au lendemain d'une apparence masculine à une apparence féminine, entourée de compréhension et de bienveillance. Et, surtout, pouvoir continuer de travailler encore quelques années en étant femme dans le poste et la société que j'adorais. Mais on ne peut évidemment pas changer le cours de la vie.

Aurélien craint que mon désir ardent de témoigner publiquement soit une quête de visibilité, sinon de notoriété, perdue en quittant Radio France. Mais c'est vrai que je n'ai nullement envie de vivre cachée et repliée sur moi-même, j'ai besoin d'être visible et active en tant que femme et je souhaite que mes compétences professionnelles soient utiles. Je le lui dis. De même que tout l'amour que j'ai pour lui, ma fierté de ce qu'il est devenu, même si nous n'avons pas, sur certains points, la même vision politique du monde. Nous nous quittons heureux d'avoir pu, tranquillement, discuter de cette situation pas forcément facile à vivre, malgré la grande tolérance et la grande ouverture d'esprit qui règne dans notre famille.

Je continue d'être troublée qu'une partie de la famille, celle de Christine, ne soit pas au courant de ma situation.

Je décide d'en reparler avec elle. Mon argumentation est simple : tout finit toujours par se savoir et rien n'est pire que d'apprendre par hasard ce qu'un proche aurait dû être le premier à transmettre en toute confiance. D'autant qu'avec mes interviews, mes interventions publiques, mon projet de livre, il serait vraiment étonnant que ce « secret » reste longtemps secret. Christine, qui aurait vraiment préféré une plus grande discrétion de ma part mais sait que c'est « mission impossible », accepte que j'en reparle avec ses sœurs. Et l'une d'elles doit passer dans quelques jours.

Entre plat et dessert, j'aborde la question. Je propose que ce soit moi qui informe toute la belle-famille après avoir prévenu la cousine organisatrice et obtenu son accord. Pour la sœur de Christine, c'est une bonne idée que l'annonce vienne de moi. Dès le lendemain, j'adresse un mail aux quatre sœurs pour obtenir l'accord de toutes : « Bonjour les Sœurs. Je ne reviendrai pas sur l'interdiction qui m'avait été faite de participer aux obsèques de Mamie ni sur les graves conséquences psychologiques que cette interdiction (et le sentiment de honte) a provoquées pour moi. Je voudrais avancer, notamment face à cette éventuelle nouvelle interdiction concernant la cousinade de novembre. Si on continue ainsi à me cacher à une partie de votre famille, on n'avancera jamais et un effet boomerang risque de se produire le jour où elle apprendra par hasard ma situation. Je me propose donc d'envoyer un mail à Carole pour lui faire part de mon "changement" et lui demander si ma présence lui semble opportune vis-à-vis de ses invités. Si la réponse est positive, j'enverrai un mail à tous les invités pour les informer. Ainsi, je vous libère de votre réticence à évoquer ma situation et l'information sera transmise. Qu'en pensez-vous ? »

Très rapidement, l'une des sœurs me fait part de ses réserves, tout en reconnaissant qu'elle se trompe peut-être. L'autre est ouverte et ne manque pas d'arguments : « Ta proposition d'en informer toi-même notre famille est intéressante et te positionne non pas en "victime d'interdiction", mais plutôt en tant qu'actrice de ton changement et de ton choix parfaitement assumés. Je pense même (mais ça n'engage que moi) que tu devrais avoir plutôt une réponse positive à cette demande. Je suis plus que favorable à cette démarche puisqu'elle vient de toi (essentielle pour moi) et qu'ainsi, tu pourras la mener comme tu le souhaites en sachant que tu peux compter sur moi, si besoin. Pour moi, il ne faut pas focaliser sur la "différence", mais l'assumer pleinement, afin de montrer que cela existe, sans militantisme aucun, mais comme une réalité et un droit qui exigent tout le respect que l'on doit à l'Homme, quel que soit son choix de vie. Tout un programme, pas simple par ailleurs… »

Après cette belle réponse, je rédige un mail à Carole ; nous ne nous sommes pas vues depuis une quinzaine d'années. « Chère Carole. Tu te souviens certainement de moi : Bruno, le mari (journaliste) de Christine. À la veille de la cousinade que tu as la gentillesse d'organiser et qui offre un moment privilégié pour se retrouver, il me faut t'informer d'un "élément nouveau" et, par conséquent, te demander si ma présence ne gênera pas au risque de perturber les retrouvailles familiales. Je te dis tout… » Et je reprends les explications sur la fin d'une souffrance ressentie depuis ma prime enfance avant de conclure : « Voilà pour cette “révélation”. J’espère ne pas t’avoir mise mal à l’aise avec ce mail, mais cette situation est difficile à cacher et aussi à évoquer. D’où maintenant, après en avoir parlé avec Christine et ses sœurs, cette question : est-il opportun que je saisisse l’occasion de la cousinade pour envoyer auparavant un mail à tous les participants afin de les prévenir de mon changement ? Ce serait l’occasion d’informer ta famille, en évitant de créer une surprise le 10 novembre. Si tu crains que cela ne détourne la tenue de cette réunion familiale, je le comprendrai et m’abstiendrai d’envoyer ce mail et de venir à la cousinade. »

La réponse de Carole est d’une extrême gentillesse. Elle fut, certes, surprise, mais ma présence ne lui pose aucun problème et, ajoute-t-elle, c’est en effet l’occasion de prévenir la famille. « On a tous à apprendre et à s’ouvrir l’esprit ; ton histoire ne peut nous laisser indifférents », écrit-elle en conclusion.

J’ai à peine envoyé mon long mail informatif à tous les invités que deux des cousines de Christine me répondent. Il y a d’abord Marielle : « Je te remercie de ta confiance et de nous permettre de connaître l’information de ton nouveau corps, celui qui te correspond, avant notre rencontre. Je me réjouis de te savoir heureuse et suis très émue de votre communication familiale. Bravo à tous pour ce grand courage à tous les étages, c’est un beau résultat que cette nouvelle naissance. » Et un long message de Bénédicte : « Effectivement, la nouvelle n’est pas banale, et même très surprenante. Avant tout, merci de ta simplicité et merci de nous en avoir parlé avant la réunion de famille. Il est vrai qu'il y a des années que nous ne nous sommes pas vues. Bien évidemment, ce que tu as vécu n'est pas anodin et doit être profondément ancré en toi pour aller jusqu'à cette transformation. J'imagine (de très loin) le mal-être que tu as dû ressentir et les souffrances associées. Ta décision est courageuse, d'autant plus à devoir affronter le regard des autres et, en premier lieu, celui de ta famille. J'ose imaginer la difficulté que Christine a dû rencontrer, et tes enfants aussi. Avec la joie immense, comme tu le dis, d'être acceptée, entourée et soutenue. Bien sûr, te revoir en femme va nous faire tout drôle et sûrement nous mettre un peu mal à l'aise, mais je suppose que tu as maintenant l'habitude et que tu sauras y faire. Je ne peux que te souhaiter d'être heureuse et apaisée. Et aussi les êtres chers qui t'entourent. Au plaisir de te voir le 10 novembre et de renouer ces liens familiaux. » Deux autres cousines m'enverront également un petit mot bienveillant.

En ce dimanche 10 novembre, peu avant de partir rejoindre la grande maison de Carole où nous serons une quarantaine, Christine me fait part de son trac, de cette crainte du regard que pourraient poser sur elle tantes, oncles, cousines et cousins à cause de son mari devenu femme. Je comprends que ce ne lui soit pas facile, que je la mets dans une situation très particulière. Et je lui redis que je la trouve courageuse et que j'ai vraiment confiance en la réaction de sa famille. À chacun, je me présenterai en souriant comme « la petite nouvelle ». Quelques cousines me serrent dans leurs bras et me félicitent chaleureusement. Elles m'interrogent, veulent en savoir plus, se montrent très empathiques. Nous échangeons sur les enfants, les leurs, les nôtres.

Je discute aussi avec des cousins de Christine : la famille, les activités de chacun, la situation économique, etc. Contrairement aux femmes, ils m'interrogent peu sur mon changement de sexe. La discussion est toutefois passionnée avec l'un d'eux, qui m'avoue que ma démarche le gêne. Je finis par comprendre qu'il est très catholique pratiquant quand il m'assène cette remarque qui me laisse sans voix : « Dieu nous a faits hommes ou femmes. Pourquoi vouloir en changer ? »

Cette bienveillance et cet intérêt particuliers des femmes, je les constaterai de nouveau le soir de cette journée très agréable en jetant un œil à la vidéo que la rédaction de Loopsider vient de publier sur Facebook. Une de leurs journalistes m'a interviewée cette semaine pour que je raconte mon histoire. Cela me semblait d'autant plus intéressant que Loopsider est un média sérieux et pro qui s'adresse aux jeunes sur les réseaux sociaux. Un bon moyen de parler de la transidentité aux 15-35 ans. Déjà des dizaines de milliers de « vues » et des centaines de commentaires… Avec un peu d'appréhension car ils ne sont pas souvent amicaux sur les réseaux sociaux, voire carrément haineux, je me lance dans leur lecture. Mais là, surprise, dans leur ensemble, les commentaires sont d'une grande compréhension : « Que la vie vous soit enfin douce. Merci pour votre témoignage qui peut aider d'autres personnes. Bravo pour votre courage et bravo à vos proches pour l'amour qu'ils vous portent… » Ce message d'une certaine Odette résume bien la plupart des autres. Comme celui d'Alexandra : « Profitez bien de votre deuxième vie, enfin vous-même ! » Tous ces soutiens sont vraiment extraordinaires. Et puis, il y a ce message de Marie : « Je remarque que les commentaires sont faits par des femmes pour la plupart. Je pense que les messieurs sont un peu gênés. » En effet, les réactions d'hommes se comptent sur les doigts d'une seule main.

Trois jours plus tard, je fais part à Jennifer Huet, ma psychologue, de ce plus grand intérêt apparent des femmes pour ma situation et de toutes leurs réactions empathiques et bienveillantes. Notre conclusion fut que, pour la plupart des hommes, il est difficile de comprendre mon passage du « sexe fort » au « sexe faible ». Même en 2019… Comment peut-on refuser la virilité, qui plus est, en se faisant amputer de son phallus (castration), symbole de la puissance masculine ? Cette situation remet en question beaucoup de certitudes chez les hommes et enclenche une réflexion qu'ils ne pensaient pas forcément possible : quelle idée incroyable de se sentir femme et de vouloir l'être définitivement, lorsque l'on a la « chance » d'être né homme !

On retrouve d'ailleurs cette approche, très exacerbée, dans les actes transphobes violents. À ma connaissance, la violence faite aux personnes transgenres touche toujours l'« homme vers femme » et non la « femme vers homme ». Pour les misogynes forcenés, une femme trans est encore plus méprisable qu'une femme cisgenre. Jennifer Huet nuance : elle rencontre des « femmes vers hommes » touchées par une forme de transphobie plutôt verbale. Cela concerne principalement les milieux professionnels qui, pour certains de ses membres, incarnent une forme de suprématie virile : les pompiers, la police ou la sécurité. Même s'il semble plus admissible qu'une femme fasse sa transition vers le sexe masculin, il n'empêche que pour les machos, ces trans n'auront jamais LE véritable attribut qui symbolise la puissance masculine : un « vrai » pénis.

Nous nous intéressons aussi à mes rêves, plus exactement, à mes cauchemars. Car j'en fais régulièrement. Certains se terminent par un réveil brutal et des cris de peur. Beaucoup tournent autour de situations où je suis ridicule ou humiliée. Exactement comme lorsque j'étais à l'école primaire, que l'on se moquait de moi parce que toujours proche des filles ou que l'on cachait mes affaires parce que j'étais timide et fragile. Dans mes rêves, je retrouve souvent mes angoisses de ne pas être à la hauteur, d'être mauvaise et d'être la risée des autres. Ainsi, ce rêve totalement anachronique dans lequel je suis en week-end avec mes parents. On traîne pour repartir alors que je dois présenter le lendemain les journaux en matinale à la radio. Je stresse. Et la Dauphine, leur voiture dans les années soixante, s'en va, mais sans moi… Ou, alors celui où je suis à la retraite : France Info m'appelle pour présenter des matinales. J'en suis très heureuse. Je m'installe dans la rédaction. Je m'absente quelques instants. Quand je reviens, mon ordinateur a été démonté… Ou encore, je viens assister à une soirée documentaire dans une grande salle de spectacle. Deux minutes avant le début de la projection, j'apprends que c'est moi qui dois assurer le commentaire. Sans préparation, je me lance en direct. C'est catastrophique…

Il y a également ce rêve étrange. Je suis devant un saladier rempli de fraises, un de mes fruits préférés. Soudain, un serpent surgit au milieu des fraises et veut s'attaquer à moi. Je hurle et me réveille en sursaut. Jennifer Huet me demande ce que les fraises représentent pour moi. Un peu comme dans la légende qui veut que les femmes enceintes réclament des fraises même en plein hiver, j'aime tellement ce fruit que je suis capable d'en acheter hors saison, comme dernièrement à la fin du mois d'octobre, en les voyant si tentantes à l'étal d'un marchand de fruits. Elle me demande ensuite quelle peut être la symbolique du serpent. Évidemment, on peut penser à Adam et Ève, au serpent du fruit défendu de la Bible et aussi à ses connotations sexuelles. Si bien qu'une des interprétations de ce rêve pourrait être mon énorme souffrance de ne pas avoir pu être enceinte… Une interprétation qui me semble tellement vraie…

60-62 ans

Depuis mon burn out, Christine m'incite à consulter un psychiatre qui, dit-elle, « ne pourra que t'aider à remettre un peu d'ordre dans ton esprit ». Petit à petit, je prends conscience que j'en aurais certainement besoin tant mon esprit est encombré de questions, de doutes, d'indécisions. Mes week-ends fille sont de vrais moments de sérénité, mais il ne faudrait pas qu'ils limitent nos week-ends familiaux ou avec des amis. Et puis, je suis de plus en plus sûr qu'un jour, je ferai tout pour être enfin totalement femme. Je trouve sur Internet des associations qui distillent des conseils et des témoignages, Txy (txy.fr) ou ABC (abc-transidentite.fr). Je commence à témoigner moi aussi et un jour, poussé par Christine, je saute le pas : me rendre au dîner mensuel organisé par ABC dans un restaurant de la place de la Nation. Ce vendredi froid de février 2016, je quitte mon bureau du troisième étage de Radio France un peu plus tôt que d'habitude. À l'étage inférieur, les toilettes sont dans une zone très peu fréquentée. Elles sont très pratiques, car vastes et dotées d'un lavabo intérieur. On peut s'y enfermer et bénéficier d'un miroir. Ce matin, j'ai emporté un second sac dans lequel j'ai mis une tenue de sortie féminine, une perruque et ma trousse de maquillage. Je me change, me maquille, accroche des boucles d'oreilles et ajoute un bracelet et une bague. J'espère croiser le moins de monde possible en rejoignant le parking souterrain de Radio France. Je ne voudrais pas être reconnu, même si cela me semble peu probable, chacun ayant à l'esprit ma tête aux cheveux rares plutôt qu'avec une chevelure bien fournie.

Direction la place de la Nation. Mon rythme cardiaque augmente à l'approche du restaurant. J'hésite à entrer, le dépasse, reviens sur mes pas, respire à pleins poumons et pousse la porte. Avec une voix que j'essaie d'adoucir au maximum, je demande la table réservée par ABC. Un serveur m'y conduit à l'étage. Je panique un peu en constatant qu'elle est située en plein milieu de cette grande salle de restaurant : tous les regards peuvent converger vers nous. Je suis à l'heure, mais la dernière attendue. Nous sommes cinq autour de la présidente d'ABC : un couple de sexagénaires, un jeune d'une trentaine d'années, un quarantenaire et moi. Je me présente, « Béatrice », mais reste très discrète sur mes activités. Chacun évoque ses expériences de sorties en femme, sa vie de trans, mais toutes les participantes semblent se contenter de leur situation et n'envisagent pas vraiment de transition. La femme « cis » du couple est en face de moi : je l'interroge longuement sur la façon de vivre avec son mari trans. Une vie « normale », avec des sorties « entre copines » le week-end.

Je continue mes recherches sur Internet pour trouver un psy versé dans la transidentité. Pas mal de témoignages rapportent de mauvaises expériences auprès de médecins ignorant la réalité trans. Au mois d'avril, s'affiche la page d'accueil de TransParis, le site de l'équipe hospitalo-universitaire parisienne spécialisée dans la transidentité. Le service de psychiatrie de l'hôpital Foch, à deux pas de chez nous, est cité. Je prends contact avec l'assistante du Dr Cordier, qui me demande une sorte de lettre de motivation et me fixe un rendez-vous d'une heure pour le mois de juin. Très affable et très explicatif, Bernard Cordier pose de nombreuses questions, parle de l'équipe et de son propre accompagnement si je décide de faire ma transition jusqu'à l'hormonothérapie et la chirurgie. Tout n'est pas encore très clair dans ma tête, d'autant que je ne me vois toujours pas changer de sexe et d'identité à Radio France où je sais ne pouvoir bénéficier d'aucune aide.

À demi-mot, je commence à évoquer avec Christine le fait que je pourrais aller plus loin que les simples week-ends fille, que je ne pourrai pas supporter éternellement cette forme d'ambivalence, assez destructrice. Elle n'est visiblement pas prête à l'accepter, elle qui pensait que mes parenthèses féminines suffiraient à mon bonheur. « Décidément, il faut vraiment que tu ailles toujours au bout des choses », lance-t-elle. Elle me connaît bien…

En juillet, j'annonce au Dr Cordier que je me lance dans les deux ans d'accompagnement imposés par la Caisse nationale d'assurance maladie (CNAM) avant toute éventuelle opération de réassignation. Je me dis que cela me laisse le temps de continuer à réfléchir et à discuter avec Christine. En août, nous partons en vacances avec des amis au Costa Rica et au Panama. Le voyage commence mal. Arrivés à Madrid, nous voyons les portes de l'avion se refermer devant nous, victimes d'un surbooking, et perdons ainsi une journée au Costa Rica. Puis au Panama, nous sommes confrontés à une guide incompétente et une organisation défaillante. Ayant procédé aux réservations, je m'en veux énormément d'avoir entraîné Christine et nos amis dans cette galère. Je sais n'être pour rien dans ces dysfonctionnements, mais je me sens toujours responsable de mes choix et ne supporte pas de ne plus maîtriser une situation.

Exactement comme ma situation personnelle où je ne sais plus trop où je vais, ni comment je fais avec ma famille.

Ce matin-là, j'ai mal dormi, je suis contrarié. La vue panoramique de notre chambre, au douzième étage sur les gratte-ciel de la capitale mondiale de l'évasion fiscale, ne m'apaise pas. Je suis pris de vertiges. Ma tête va éclater. J'éclate en sanglots. Je file vers la salle de bains et casse un verre dans le lavabo pour m'ouvrir les veines, en finir avec ces difficultés, mineures pour notre voyage, majeures pour mon avenir. Christine, avec vigueur, parvient à me maîtriser et à me conduire sur le lit. Je suis prostré, vidé de toute énergie.

À notre retour de vacances, le Dr Cordier, assez inquiet, m'incite à consulter une de ses consœurs exerçant en libéral. Il ne peut mélanger son rôle d'accompagnant dans ma future transition et de thérapeute de mes angoisses et de mon mal-être. Ces séances régulières avec la psychiatre, et quelques lectures, m'aideront à mettre un peu d'ordre dans mon esprit et à mieux me connaître. Progressivement, par exemple, je comprendrai que je fais partie de ces êtres hypersensibles qui ressentent les émotions de façon beaucoup plus intense que la moyenne. Avec toutes les difficultés, et les incompréhensions, que cela peut engendrer chez les autres… Je découvre que cette hypersensibilité, qui remonte à mon enfance « contrariée », explique une bonne part de mes attitudes parfois difficiles à vivre pour moi et pour les autres. Je suis très sensible à la critique et je multiplie les techniques pour éviter les remarques. Ainsi, je suis toujours dans l'anticipation pour ne pas me laisser surprendre par un échec ou quelque chose d'inattendu qui pourraient susciter reproches, moqueries ou mépris. Car je suis alors face à un mur infranchissable avec, même, parfois, cette envie d'en finir : je ne vois plus de solutions, j'ai l'impression d'être lâché de tous et de ne plus être aimé.

Les hypersensibles sont plutôt timides, introvertis, vivent dans la bulle sécurisée d'un monde idéalisé et recherchent reconnaissance et amour. Pour le spécialiste Ted Zeff, « un hypersensible réagira de façon exacerbée à une critique qui ne vous aurait fait ni chaud ni froid ». Leur empathie est souvent très développée. Comme le disait un grand hypersensible, l'écrivain Gustave Flaubert : « Ce qui érafle les autres me déchire. » Très attentionnés, nous avons toujours envie de mieux connaître ceux que nous rencontrons, au point que certains y voient parfois une curiosité intrusive. *A contrario*, je suis toujours étonné et blessé lorsque des proches, amis ou famille, ne posent aucune question personnelle et semblent se désintéresser des autres et de… moi. La susceptibilité est une des caractéristiques de l'hypersensibilité, dans laquelle je me reconnais, comme cette volonté de toujours aller au fond des choses, ce souci du détail, ce sens développé de l'observation, cette impossibilité de supporter injustice, mensonge ou tricherie… Oui, je ne suis pas aidé par ces caractéristiques, mais mieux les connaître devrait m'aider à les appréhender.

En cet automne 2016, je n'en peux plus de ce secret que seule Christine connaît et qui m'empêche d'avancer : comment puis-je entamer une transition sans prévenir ma famille ? Ce samedi matin d'octobre, Christine est dans sa pharmacie et notre fils Aurélien doit passer chez nous récupérer des affaires. Je lui ai dit qu'à cette occasion, j'aimerais discuter avec lui car « j'ai des choses à t'annoncer ». Je n'y ai pas pensé, mais Aurélien a pris peur, craignant l'annonce d'un cancer ou d'une autre maladie grave. Lorsqu'il s'assied dans notre salon, c'est moi qui ne suis pas très à l'aise. Depuis quelque temps, je réfléchis à la meilleure façon d'apprendre à nos enfants que leur papa est une femme, ou, tout du moins, se sent femme. Je commence par évoquer le mal-être de ne pas vivre dans le bon corps et que cette situation s'est révélée peu après ma naissance. Je lui raconte cette souffrance que j'ai dû cacher toute ma vie, avec des comportements qui n'ont pas toujours dû être faciles à comprendre pour lui. Notamment, ce sentiment que je lui préférais sa sœur, alors que j'ai toujours eu le même immense amour pour eux deux. Je me suis occupé autant de lui que de sa sœur. Face à des injustices, je les ai autant défendus l'un que l'autre.

Certainement que ma situation et les relations fusionnelles avec Élodie ont pu lui laisser penser que j'avais une préférence. Ma révélation en ce samedi matin va lui permettre de mieux comprendre nos relations. « Cela fait un choc, me dit-il après m'avoir longuement laissé parler. Mais, Papa, je te soutiendrai sans souci. » Plus tard, quand je demanderai à Aurélien tout ce qu'il a ressenti ce jour-là, il me dira : « Étant déjà dans un processus d'analyse personnel à cette époque, je me suis encore plus plongé en moi pour me poser des questions sur notre enfance, sur notre relation à tous les deux, sur nos rapports familiaux, etc. Le plus simple, je dirais, a été la révélation, le plus difficile, l'intégration de cette révélation dans ma vie, dans nos souvenirs, dans notre "nouvelle" vie de famille. La libération de ce secret m'a permis de réenvisager des situations que je n'avais pas comprises dans mon enfance. Par exemple, ton rejet de l'identité sociale d'homme et des clichés masculins (foot, bière, virilité…), ta nécessité de contrôle (une construction sociale entière pour contenir ce secret), ton rapport à maman, ta projection sur Élodie de choses non vécues en tant que femme, ta peur de l'abandon (souvenir de la soirée prémariage où tu fondais en larmes de peur d'être abandonné par tes enfants), ta peur de la mort et ta perception du temps qui passe… Toutes ces façons de penser, de faire, de se construire liées à ton secret ont forcément eu un impact sur mon enfance et ont forgé des composants de ma propre identité. »

Le week-end suivant, nous avions prévu de nous retrouver tous les quatre au Touquet. Après ce que m'a dit Aurélien, je me sens plus rassuré pour informer Élodie. « Vous nous avez éduqués dans une forme de curiosité qui permet d'appréhender des situations complexes, comme celle-là, et d'accepter la différence, dira-t-elle. Et puis, notre génération a une véritable ouverture sur les sujets du genre et de l'identité sexuelle. » Comme son frère, Élodie assure qu'elle me soutiendra. Au cours de la discussion à quatre qui suit, elle me reprochera d'avoir gardé si longtemps ce secret. Nos enfants s'inquiètent de l'avenir de notre couple. Christine ne sait que répondre. Elle est surtout heureuse que ma révélation n'ait pas conduit à un éclatement de notre famille.

Elle reste toutefois inquiète pour Aurélien et pour l'« image du père ». Il me l'avouera quelques années plus tard : « Cette étape n'a pas été simple pour moi. J'ai en effet longtemps eu du mal à t'envisager comme femme, à te nommer "Béatrice", à dire "elle". Mais avec le temps et la création de nouveaux souvenirs communs, c'est devenu de plus en plus simple. » Et lorsque je lui poserai cette question : « Est-ce difficile à vivre pour un fils ? », il me répondra : « Le plus difficile pourrait être la recherche de sa propre identité. Comment réappréhender notre rapport à soi et aux autres après cette révélation ? Qu'est-ce que notre propre identité sexuelle ? Comment intégrer cela dans notre propre perception de la paternité ? » M'en a-t-il voulu ? Sa réponse est directe : « Oui, je t'en ai voulu. Très vite après la révélation, j'ai eu l'impression que notre enfance, qui nous a façonnés, avait été une comédie, dans laquelle j'avais joué sans en connaître tous les éléments. Ce secret, je te l'ai en effet reproché, dans le sens où il me semblait qu'il avait été un des principaux obstacles à la construction de ma propre identité. Le secret est un poison pour une famille : sentiment de décalage, incompréhension de certaines situations... Il me semble que ta révélation, dans mon propre chemin, a permis de débloquer de nombreuses questions, donc, d'une certaine façon, de me libérer d'un poids, le poids du secret. » Le prix de ce secret a été lourd pour nos enfants. Sans le connaître, ils ont ressenti ses conséquences liées à mon mal-être et au « flou » de mon identité. Alors, Aurélien a-t-il honte de son père ? « Je n'ai jamais senti de honte. J'ai plutôt ressenti de la fierté pour ton courage de l'annoncer et de l'assumer. Je voyais bien toutes les difficultés à traverser, j'en traversais moi-même à cette époque, et je ne pouvais qu'être solidaire de cette quête de soi. »

Cette annonce faite aux enfants et leur acceptation à me voir femme vont m'offrir plus de week-ends fille. Nous allons pouvoir nous retrouver en famille sans que je sois obligé de jouer ma « comédie masculine ». La première fois, Élodie me trouve « très féminine », beaucoup plus qu'elle. Elle ajoute en riant : « Mais tu ne me feras pas changer. Et je n'irai pas faire de shopping avec toi… », elle pour qui c'est une corvée. Félix, notre petit-fils qui a maintenant plus de quinze mois, découvre également sa nouvelle « grand-mère ». Comme m'avait rassuré ma psychiatre, Félix ne sera pas perturbé par cette situation. Nous lui expliquerons qu'il y a, comme il m'appelle, un « Dada garçon » et une « Dada fille », selon les circonstances.

Quelque temps plus tard, je préviens ma sœur Véronique. Grosse surprise pour elle qui, me dit-elle, « n'a jamais rien soupçonné ». Elle aussi m'assure que je peux compter sur son soutien et son aide. Un jour, elle me confiera qu'elle s'en voulait « de ne pas s'être rendu compte de [ma] souffrance et de n'avoir pu [m]'aider ». Mais elle se dira heureuse d'avoir désormais une sœur…

La Cendrillon du week-end redevient donc homme dès le lundi matin pour son activité passionnante de médiateur. Il faut également affronter l'intolérance de certains auditeurs, accusant nos antennes d'être, pour les uns, trop à gauche, pour les autres, trop à droite. Il me faudra rappeler régulièrement à ces auditeurs qui se disent néanmoins démocrates, républicains, humanistes, que nous sommes en démocratie et que chacun peut s'exprimer sur nos ondes, dès l'instant que le discours est respectueux de tous. En démocratie, on ne censure pas ; c'est aux auditeurs à se faire leur propre opinion en fonction de ce qu'ils entendent. Je suis toujours étonné de ces « démocrates » qui semblent rêver d'un régime où seule leur opinion pourrait s'exprimer. Je me fais un plaisir de leur rappeler que ce type de régime s'appelle une « dictature ». Une autre de mes missions est de préserver le bon usage de la langue française et on ne peut pas dire que nos auditeurs se privent de nous le rappeler. Ils ont bien souvent raison face à cet attrait, que je qualifie de snobisme, de certains journalistes, animateurs ou producteurs d'employer nombre d'anglicismes, parfois incompréhensibles aux communs des mortels, dont je fais partie. Combien de fois suis-je allé chercher sur Internet la signification de termes anglais que me signalaient des auditeurs ! Ils avaient la juste impression que, parfois, on ne parlait qu'à un cercle fermé de spécialistes et qu'on les laissait au bord de nos routes hertziennes ou numériques. Un paradoxe pour nous, journalistes, dont le principe de base est d'être compris de tous…

Je prends aussi une autre mission à bras-le-corps, tant il me semble incompréhensible qu'un service public comme le nôtre ne soit pas exemplaire. Féministe au fond de moi, je relaie tous les messages me signalant ce que j'appelle le « sexisme ordinaire », que les antennes n'ont bien souvent même pas conscience de véhiculer. Je suis également très sensible à la façon dont nous évoquons les différences : l'homosexualité, le handicap, le racisme, la vieillesse, les banlieues… Et la transidentité, dont on ne parle jamais sur nos antennes. Je resterai toutefois discret, craignant, assez bêtement, d'être découvert ou de jouer les militants. Avec le Comité diversité et égalité et la direction à l'égalité des chances qu'a créée Mathieu Gallet, nous opérerons un gros travail de sensibilisation auprès des équipes et des directions. Un exemple de ce sexisme « caché » qui me vaudra un grand nombre de réactions : « Votre animateur réalise-t-il […] que "la rentrée va permettre aux mamans d'écouter mon émission" est une remarque sexiste qui continue à stigmatiser les femmes et renforcer une image négative et fausse ? Les mamans, après avoir déposé les enfants à l'école, n'ont bien sûr rien d'autre à faire à part écouter la radio et faire un peu de ménage en attendant que leur mari rentre à la maison. » Ou cette autre réaction outrée : « Le journaliste présente ses titres en commençant par annoncer "une pincée de sexe" à propos des agressions sexuelles, viols, etc., commis par Weinstein. Parler de crimes de façon croustillante, c'est honteux ! » Je demanderai aussi de ne plus parler de « drame sentimental » ou de « crime passionnel », mais d'employer le mot qui correspond à la réalité : féminicide. Ces termes « romanesques qui intègrent une forme de responsabilité partagée pour ce qui arrive à la femme », comme me l'écrit une auditrice, mettront longtemps à être totalement éradiqués des journaux. Il y a aussi ce combat pour la parité des invités sur les antennes : « En ce moment même, passe une émission politique... Trois hommes ont été invités, mais aucune femme. Peut-on imaginer l'inverse, trois femmes invitées et pas un homme ? Je ne crois pas. Je ne l'ai jamais vu, sauf dans des émissions considérées avec une bonne dose de stéréotypes comme "typiquement féminines", sur la petite enfance, par exemple. Allez, un effort ! »

Un de mes combats les plus difficiles sera la place du sport féminin, quasiment inexistant sur les ondes. Pour la plupart des journalistes sportifs, il n'intéresse personne. Évidemment, si on n'en parle jamais... Je suis très marqué par le message d'un auditeur, professeur d'éducation physique : « Ce dimanche matin, dans le Journal des sports, aucune information sur la moindre rencontre féminine. Pas étonnant que des élèves de sixième, dans le cadre d'une séance sur l'égalité filles-garçons, me disent que le sport, c'est pour les garçons ! Au XXIe siècle ! J'aimerais tant que ce message change le traitement du sport au féminin dans les médias. » Une partie du service des sports et son directeur seront en permanence dans le déni, osant affirmer que le sport féminin est bien présent sur nos antennes. Ce qui est faux. Pour la première fois, je suis insulté par un journaliste qui ne supporte pas les messages des auditeurs que je relaie. Son responsable aura aussi des remarques méprisantes. En revanche, je recevrai le soutien d'un grand nombre de journalistes outrés de ces attaques indignes. Aujourd'hui, ce responsable a changé et je constate avec plaisir que le sport féminin a trouvé naturellement sa place dans les journaux... Espérons que nous n'entendrons plus ce commentaire : « Il n'y a plus de Français à Roland-Garros, au moins du côté des hommes ! »...

Sur le plan personnel, je découvre sur Internet qu'une association, OUTrans, organise des rencontres et des discussions entre personnes transidentitaires. Je prends contact et, un samedi après-midi, vêtue d'une jupe bleue et d'un manteau noir et blanc, je me rends à une réunion dans le quartier de Beaubourg. Dans la salle d'un café associatif fermé pour l'occasion, nous sommes plus d'une vingtaine. Je me trouve quelque peu gênée de constater que je suis la plus âgée. Hormis deux autres trans d'une cinquantaine d'années, tous les participants ont entre 17 et 35 ans. Je suis assise à côté d'une jolie jeune fille de 19 ans aux longs cheveux blonds qui éclate en sanglots quand elle raconte les doutes qui la rongent et sa vie noircie par des interrogations qui n'en finissent pas à propos de son identité de genre. Je la prendrai dans les bras pour la réconforter.

Quand je raconte l'histoire de ma vie, une histoire sans réponses ni explications pendant des décennies, je sens beaucoup d'écoute et de gentillesse. Le ton change quand j'évoque le début de mon cheminement avec l'équipe hospitalo-universitaire parisienne spécialisée dans la transidentité. L'animateur d'OUTrans et quelques participants s'en prennent à cette « équipe autoproclamée officielle qui psychiatrise les trans, les culpabilise, leur impose un parcours médical obligatoire… » Je leur explique que mes rendez-vous avec le psychiatre de l'hôpital Foch, le Dr Cordier, ont toujours été bienveillants, sans jugements ni contraintes, que je ne me sentais pas « psychiatrisée », mais écoutée et accompagnée dans une démarche qui, selon moi, nécessite de ne pas être seule et d'être aidée par les meilleurs spécialistes, qui sont le plus souvent à l'hôpital public. De plus, ce cheminement va me conduire « naturellement » vers un endocrinologue, puis un chirurgien, tous deux grands connaisseurs de la transidentité. C'est tout de même plus rassurant que d'avoir affaire à des médecins non spécialistes ou des chirurgiens situés en Thaïlande, trop éloignés pour assurer d'éventuelles complications postopératoires et aux tarifs élevés, sans compter les coûts de transport et d'hébergement. Je rappelle à l'assistance qu'en France, tout est pris en charge par la CPAM. Mais rien n'y fait : je suis abasourdie d'entendre autant de contrevérités et d'attaques contre cette équipe qui, je peux le dire aujourd'hui que ma transition et ma réassignation sont achevées, a été exceptionnelle de professionnalisme et d'humanité tout au long de ce parcours complexe. Toutefois, les témoignages des participants et les réflexions qu'ils apportent par rapport à ma propre situation sont intéressants. Je quitterai quand même la réunion avec un goût amer, celui d'avoir été confrontée à un militantisme aveugle et intolérant, sûr de ses affirmations, méprisant pour tout ce qui n'est pas dans sa ligne et allant jusqu'à tronquer la réalité. Je le regrette d'autant plus que nombre d'associations et de militants éclairés ont œuvré et continuent d'œuvrer pour la cause transidentitaire, tandis que les attitudes radicales ou clivantes de certains militants peuvent conduire à des rejets d'évolutions pourtant indispensables...

Ne leur en déplaise, je poursuis mon cheminement et, en décembre 2017, je rencontre la Dr Catherine Brémont, l'endocrinologue de l'hôpital Cochin qui va me permettre de commencer l'hormonothérapie. Après une batterie complète d'analyses médicales, une échographie des parties génitales et un entretien chaleureux avec cette spécialiste de la réalité transidentaire. En janvier 2018, je peux commencer le traitement hormonal. L'acte I de ce traitement est démasculinisant. Chaque matin, j'avale un comprimé d'Androcur ; il va réduire la production et l'action de la testostérone.

Ce début d'année va ainsi marquer le commencement réel de ma transition et des prises de décision déterminantes pour mon avenir. Je sais maintenant que plus rien ne m'arrêtera pour être enfin moi-même. Je l'annonce à Christine, pas très heureuse de cette décision, mais pas vraiment surprise. Je vais avoir 62 ans et je n'en peux plus de vivre entre deux sexes. Ces derniers mois de 2017 ont été pénibles, au point de me retrouver deux fois aux urgences, après intervention du Samu appelé par le service médical de Radio France, inquiet de mes vertiges, de mon cœur qui s'affole et de ma tension hors norme. À chaque fois, tout se termine bien, mais je suis éreinté, usé psychologiquement, et il me faut vraiment mettre au plus vite mon esprit et mon corps en conformité. Je prends la décision de m'arrêter cette année. Une décision qui me pèse, mais je n'ai pas la force d'affronter seule Radio France au moment de l'opération de réassignation.

J'en informe aussitôt notre numéro deux, Laurent Guimier, devenu l'année précédente directeur délégué aux antennes et aux contenus. Malgré toute la confiance que j'ai en Laurent, je me garde bien de lui donner la raison exacte de ma décision. Je souhaite aussi assurer une transition en douceur avec mon ou ma successeur(e) en m'arrêtant en juillet à la fin de la saison afin de ne pas perturber le fonctionnement des rendez-vous du médiateur sur France Inter, France Info et France Culture. Je pensais qu'en annonçant avec beaucoup d'avance mon départ, mon remplacement serait facilité. En réalité, rien ne se passera ainsi. Le 1er mars, le PDG Mathieu Gallet, mon supérieur hiérarchique direct, est révoqué par le CSA, après son procès pour « favoritisme » lorsqu'il était PDG de l'INA. Il est remplacé un mois et demi plus tard par Sibyle Veil. Et en mai, c'est Laurent Guimier qui quitte Radio France. Trouver mon successeur n'est pas la priorité du moment. En juin, j'en reparle avec notre nouvelle présidente. Je préconise le choix d'une femme qui serait ainsi la première médiatrice de Radio France. Nous tomberons d'accord sur le nom d'Emmanuelle Daviet, journaliste, déléguée à l'éducation aux médias, à la diversité et à l'égalité des chances de France Inter et instigatrice du programme InterClass'. J'ai bien connu Emmanuelle à France Info, lorsqu'elle était rédactrice en chef des Chroniques. Quand, peu après sa nomination, je lui révélerai ma transition, elle aura ces paroles touchantes : « En fait, c'est toi qui as été la première médiatrice de Radio France, même si personne ne le savait. »

En juin, retour à l'hôpital Cochin pour faire le bilan de mes premiers mois de traitement hormonal. Les analyses sanguines sont excellentes et la Dr Brémont rédige l'ordonnance que j'espérais depuis si longtemps. Elle me prescrit des œstrogènes, le début de mon traitement féminisant. Ces hormones féminines vont m'offrir de « vrais » seins, mais aussi une peau plus fine, une redistribution de la graisse sur les fesses et les hanches et une perte musculaire. À peine sorti de l'hôpital, je me précipite dans une pharmacie et commence dès le soir à appliquer consciencieusement le gel hormonal sur les avant-bras. Un geste qu'il me faudra désormais répéter à vie…

J'annonce publiquement mon départ de Radio France à la fin du mois de juillet. Des centaines de messages amicaux arrivent, dont certains s'étonnent d'« un départ aussi jeune », alors que chacun connaît ma passion pour le journalisme et la médiation. J'expliquerai d'une manière énigmatique que « j'ai un projet très, très personnel ». Ce qui conduira à de nombreuses hypothèses, toutes plus originales les unes que les autres, mais aucune correspondant à la réalité.

Juin est également le mois de l'assemblée générale des copropriétaires de notre lotissement. J'en suis le syndic bénévole. Avant d'envoyer l'invitation à cette réunion qui s'achève toujours par un repas pris en commun, je dis à Christine que ce serait le moment idéal pour leur annoncer ma transition et qu'ils auront prochainement une nouvelle voisine... Christine n'en est plus à vouloir déménager de peur du regard de nos voisins, mais elle est tout de même très mal à l'aise à l'idée qu'ils connaissent notre situation. Elle sait que nous sommes entourés de personnes ouvertes, intelligentes, tolérantes, avec qui nous nous entendons très bien. Mais, cette fois, nous allons leur confier une partie de notre intimité. Quand je serai femme au quotidien, comment expliquer la disparition de Bruno ? Je la convaincs que le meilleur moment est ce moment amical où nous sommes toujours très heureux de tous nous retrouver. Sur la convocation, je précise donc qu'à l'issue de l'assemblée générale, je ferai une « annonce personnelle ».

Par ce beau dimanche ensoleillé, notre réunion s'achève sur la terrasse de notre voisine. Je reprends la parole, évoque le mal-être de ma vie, mon enfance, la dysphorie de genre et conclus que, bientôt, Bruno sera remplacé par Béatrice. Dans les yeux de nos amis voisins, beaucoup d'étonnements et d'interrogations. Mais, très rapidement, ils réagissent : c'est ma vie, je me dois d'être heureuse dans mon corps et cela ne changera rien à nos relations. J'offre le champagne et plusieurs voisines viennent me faire la bise en évoquant mon courage, me félicitent pour ma décision et me disent pouvoir compter sur leur soutien. Je sens un grand soulagement chez Christine et un large sourire complice illumine nos visages.

Ce premier coming out hors de la famille annonce le début d'une longue série. Une épreuve difficile, car il faut à chaque fois me dévoiler sans trop savoir comment amis, proches ou collègues vont réagir, même si je sais côtoyer des personnes d'une grande ouverture d'esprit. Début juillet, l'occasion se présente auprès d'un de mes meilleurs amis. Ce samedi, le temps est superbe et Philippe, pilote d'ULM, propose que nous allions voler, comme nous le faisons de temps à autre. Je suggère la Bretagne et ses magnifiques côtes que j'ai très envie de photographier. Profitant du paysage un peu monotone de cette partie de la Normandie et d'avoir les commandes en main, je lui raconte mon histoire. Les questions fusent et notre pause déjeuner sur un petit aérodrome breton s'éternisera. Philippe veut comprendre une situation totalement inconnue pour lui et ce sentiment pour un homme d'être une femme. La nuit suivante, il peinera à trouver le sommeil, tant cette annonce l'a bouleversé et interrogé. Il en sera de même avec deux autres de mes meilleurs amis, José et Jean-Michel, ce dernier parrain de notre fils. L'un d'eux, après avoir appris lors d'un dîner très chaleureux en compagnie de Christine que son ami allait devenir son amie, ouvrira une bouteille de genièvre en rentrant chez lui… Aucun ami ne nous tournera le dos. Il reste vrai aussi que le choc sera plus facilement assimilé et son annonce comprise par nos amies que par nos amis.

Il me faut aussi prévenir en priorité ma petite équipe de la médiation, Catherine et Juliette. Elles sont très intriguées par « le projet très, très personnel » que j'ai évoqué pour ma retraite. Que va-t-il faire ? Partir à l'étranger ? Écrire un livre ? Elles imaginent beaucoup de projets. Je les convie à un déjeuner pour leur annoncer celui qu'elles étaient loin d'imaginer.

En ce mois de juillet, il va falloir organiser mon pot de départ. La présidence m'accorde la salle panoramique du vingt-deuxième étage de la tour de Radio France. J'y réunis mes collègues et amis de la « maison ronde », ainsi que ceux partis à la concurrence. Christine et nos enfants sont là également. La présidente, Sibylle Veil, prononce des mots chaleureux et très amicaux. Elle me touche quand elle évoque une des missions de formation qui m'a certainement le plus marquée : la mise au point de la matinale, puis l'amélioration des programmes de la radio créée par l'ONU pour la population du Mali, ce pays en proie à un terrorisme aveugle et sanguinaire.

Dans cette vaste salle qui offre une des plus belles vues sur Paris, je ne prononce pas de discours. J'ai réalisé un montage vidéo avec quelques images « inédites », qui feront beaucoup rire, de mes débuts à la radio et à la télévision et avec un hommage à toutes celles et ceux avec qui j'ai eu tant de plaisir à travailler, ainsi qu'à ma petite famille qui a supporté mes déménagements professionnels et mes horaires décalés et à rallonge. Nombreuses sont les questions sur ma vie d'après, la retraite, mon projet très, très personnel... Je me garde bien de le dévoiler, évoquant uniquement ma passion pour la formation et mon espoir d'être sollicité dans mes domaines d'expérience. Fin juillet, je referme avec nostalgie la porte de trente-huit années passées à Radio France dans une dizaine de postes différents. Une autre porte va s'ouvrir sur un avenir conforme à moi-même, qu'il me faudra appréhender...

Baptême raté

À cause de mon état dépressif, j'avais annulé de nombreux déjeuners, professionnels ou non. Aujourd'hui, attablée avec Isabelle Labeyrie, je suis ravie qu'elle m'ait recontactée. Isabelle reste « ma petite étudiante » de l'école de journalisme de Lille, bien que cette appellation l'énerve quelque peu. « J'ai quand même bien changé », sourit-elle. Oui, mais, dans mon esprit et mon cœur, elle reste cette étudiante humaine, intelligente, inventive que j'avais repérée dans les années quatre-vingt-dix. J'avais été très fière du Prix du jeune journaliste radio de la Fondation Varenne qu'elle avait remporté. Un reportage radio dans un EHPAD tellement bien réalisé, tellement visuel et descriptif, que son écoute donnait l'impression d'être au milieu des personnes âgées, de les voir, de les connaître. Un modèle du genre que je continue de faire écouter à mes étudiants ou mes stagiaires pour leur montrer comment, sans images réelles, la radio peut capter l'attention des auditeurs en leur « donnant à voir » grâce aux images que l'on suggère par le récit.

Nous sommes heureuses de nous retrouver. « J'ai tant de questions à te poser », me dit-elle en bonne journaliste curieuse et avide de mieux appréhender un domaine qui lui est quelque peu méconnu. Ses questions sont précises sur mon histoire, les traitements, mes proches, les « passages à vide », etc. Un point l'intrigue : pourquoi ai-je autant suivi sa carrière ? Je réfléchis un peu : « Je crois qu'il doit y avoir un phénomène d'identification. Je pense qu'inconsciemment, toi, comme d'autres femmes, as certainement représenté celle que j'aurais tellement voulu être : une femme journaliste, hyperactive et passionnée, et une mère de famille. »

Décembre, c'est le mois de Noël, également celui des grèves en cette année 2019, mais, surtout pour nous, le cinquième anniversaire de Casaco, la société coopérative de coworking créée par Aurélien, notre fils. Il a aménagé un superbe espace de 500 mètres carrés en plein centre de Malakoff. Nous sommes très fières de sa réussite entrepreneuriale et de tous ses projets et engagements qu'il mène avec passion pour faire évoluer les relations au travail, à la société et à l'environnement.

Aurélien nous a invitées à la grande fête sur le thème des années folles, folles comme celles des cinq premières années de Casaco. Nous sommes heureuses de nous rendre à l'anniversaire de son « bébé ». Christine sera quelque peu gênée par la façon dont Aurélien nous présente, naturellement, notamment à Jacqueline Belhomme, la maire de Malakoff : « Voici mes parents. » C'est pourtant bien ce que nous sommes, même si l'apparence n'est pas dans des « normes traditionnelles », une femme et un homme.

Je comprends la gêne d'une situation que Christine n'a pas choisie et qui s'impose désormais à nous. Il y a toujours cette crainte du regard des autres, mais là encore, la bienveillance est présente au milieu des 150 invités. Nous retrouvons avec plaisir Claire, la première gestionnaire de l'équipe Casaco, aujourd'hui partie à Nantes. Elle était au courant de mon changement. Comme Philippe, cet ancien responsable d'équipes techniques de Radio France, que je connais bien, un des animateurs du labo de Casaco chargé des imprimantes 3D. Lui et sa femme rencontrent pour la première fois Béatrice. Bises et présentation chaleureuse de ma nouvelle « moi ».

Le lendemain, retour à Casaco, dont nous avons loué une partie de l'espace pour une soirée « Route 66 ». Nous attendons 25 invités autour d'un apéritif dînatoire et de la projection d'une vidéo d'une quarantaine de minutes sur notre périple de l'année dernière le long de la mythique Route 66. Une vidéo que je conçois plutôt comme un documentaire, en journaliste que je suis, avec des explications, des images d'archives et de courts extraits de films tournés sur des sites visités ou s'en étant inspirés, comme *Cars*, *Bagdad Café* ou *La Chevauchée fantastique*. Je souhaite faire de cette soirée un moment particulier de ma nouvelle vie : cela fait un an que j'ai effectué mes premiers coming out, un an que je vis quotidiennement femme et 2019 aura été l'année de mes opérations de réassignation et de féminisation, ainsi que la validation de mon changement de sexe et d'état civil. J'ai vraiment envie de fêter cela avec amis et famille, de les remercier pour leur soutien et leur bienveillance, d'autant plus que Sarra Cristofari, ma chirurgienne, sera avec nous.

Je tiens à lui rendre hommage, et, à travers elle, à toute son équipe de l'hôpital public pour les « miracles » qu'ils accomplissent pour mettre en adéquation notre corps et notre esprit.

Un esprit encore en proie à des fragilités dues à une hypersensibilité difficilement contrôlable... Les invitations à cette soirée ont été lancées il y a un mois et demi ; nos amis ont répondu avec enthousiasme. Nous avons fait appel, en partie, à un traiteur et Christine et moi avons préparé les desserts en rapport avec les États-Unis : des brownies et des cheese-cakes. Christine a trouvé un joli panneau vintage « Route 66 ». De mon côté, j'ai imprimé des photos en grand format pour la décoration. Notre amie Christine, qui faisait partie du périple avec son mari motard, accepte d'exposer le grand tableau qu'elle a réalisé à base de collages sur le thème de cette fameuse route. Tout s'annonce sous les meilleurs auspices, jusqu'à ce vendredi soir, veille de nos retrouvailles. À cause de la grève dans les transports, les désistements s'accumulent : faute de trains, les uns en congrès ne pourront rentrer à temps à Paris, les autres, faute de métro, de RER et de bus, ne pourront nous rejoindre à Malakoff, ou ne pourrons accueillir les grands-parents qui devaient garder leurs enfants le temps de la soirée. Vertiges, maux de tête, l'absence de ces amis me pèse. J'essaie de faire bonne figure durant la soirée où nous ne sommes que douze. Nous étions huit sur la Route 66 ; ce soir, nous ne sommes que six. Sarra Cristofari ne sera pas là non plus. La soirée est toutefois très sympathique avec les amis présents, notre fils, ma sœur et deux beaux-frères, mais je ne me sens pas la force de prendre la parole et de revenir sur cette fantastique année alors que la plupart de nos proches sont absents.

Trois jours plus tard, j'évoque avec ma psychologue cette grande déception et les troubles qu'elle a engendrés. Pour Jennifer Huet, il est clair que j'avais inconsciemment organisé cette soirée comme une sorte de baptême. Elle devait marquer une étape dans ma nouvelle vie, ancrer Béatrice à sa nouvelle naissance, à sa nouvelle existence au milieu d'amis et de membres de sa famille qui l'avaient soutenue. C'était aussi une manière de penser à toutes celles et ceux, loin de Paris, qui ont aussi été très présents par téléphone ou par mail, comme, José, mon « vieil » ami depuis près de 50 ans, Chantal, ma « vieille » amie depuis près de 60 ans, ou ma chère cousine Jocelyne. Rien ne change, j'ai toujours autant de difficultés à gérer les échecs. Je pense être une bonne cliente pour les psys…

En ce mercredi de décembre, sort un film que je tenais beaucoup à voir après avoir lu plusieurs articles élogieux : *Lola vers la mer*, un film franco-belge du réalisateur Laurent Micheli, avec Benoît Magimel et, surtout, la merveilleuse jeune actrice transgenre, Mya Bollaers. Elle joue une jeune fille trans de 18 ans, rejetée par son père, mais soutenue secrètement par sa mère. Une mère qui vient de mourir et dont le dernier souhait était que ses cendres soient dispersées face à la mer. Le père et sa fille, dont il ne supporte pas la féminité, la transition et sa prochaine opération de réassignation, vont devoir cohabiter le temps du voyage vers la côte belge en présence de l'urne funéraire. Petit à petit, au fil du trajet en voiture ponctué de disputes et de rencontres, ce père, bourru et refermé sur son petit monde de commerçant, va parvenir, après beaucoup de réticences et de blocages, à comprendre la souffrance de son garçon qu'il refuse de voir fille. Ce film, très différent du magnifique *Girl* qui m'avait tant émue l'année précédente, me marquera aussi par cette incompréhension et cette violence face à la transidentité que doivent encore affronter de nombreux jeunes transgenres : une transphobie d'autant plus horrible lorsqu'elle émane de parents, dont le rôle devrait être de comprendre et de soutenir par leur amour celles et ceux qu'ils ont mis au monde.

Quelques semaines plus tard, je découvrirai une transphobie à laquelle je ne m'attendais pas, celle développée par des activistes féministes, dont l'ex-Femen Marguerite Stern. Elle est à l'initiative de collages contre les féminicides et les violences sexistes sur les murs de différentes villes. Mais à côté de ce mouvement louable, elle se lance dans des tweets et même une tribune du HuffPost (retirée depuis) très violente à l'égard de la transidentité. Elle remet en cause le fait qu'une femme trans puisse se déclarer femme, en lançant cette phrase très discriminatoire : « On est une femme quand on est née avec une vulve. Principe biologique de base. Il ne suffit pas de dire "je suis une femme" pour en être une. » Et de voir l'inclusion des personnes trans dans la lutte féministe comme un « dévoiement ». Des propos étonnants, et elle n'est malheureusement pas seule à le penser, dans la bouche d'une militante qui lutte contre les discriminations et est censée se battre pour un véritable vivre-ensemble malgré les différences. La défense de la transidentité et les débats qui vont autour seraient « une nouvelle tentative masculine pour empêcher les femmes de s'exprimer ». Là, on sombre dans une grave paranoïa. Je suis effondrée de lire que, parce que j'étais dans un corps d'homme, je serais une sorte de cheval de Troie à la solde de gros machistes pour pénétrer le monde des femmes et les réduire au silence. Une fois encore, le radicalisme de certains militants ou militantes conduit à une vision manichéenne du monde. Avec même une forme de « délit de sale gueule » : « Portez des robes, des talons et des perruques, maquillez-vous, si vous voulez. Je n'irai pas crier à l'appropriation culturelle, mais ne venez pas dire que vous êtes des femmes. De la même façon que je n'aurais jamais l'indécence de brunir ma peau en déclarant que je suis noire. » La comparaison est osée et de très mauvais goût.

Noël. Un moment merveilleux… Quel instant magique que de voir les yeux émerveillés de Félix découvrant les cadeaux au pied du sapin… Son petit frère d'un an est, lui, plutôt intéressé par les emballages, mais aussi par ce Père Noël qui monte et descend le long d'un fil en chantant *Jingle Bells* sur un claquement de mains. Cette année, Papa Noël a beaucoup pensé à ma féminité, des cadeaux qui me touchent énormément. Christine m'offre une superbe bague en or, légèrement torsadée et piquée de petits brillants ; elle prend la place laissée vacante par mon alliance masculine, définitivement retirée pour les interventions chirurgicales. Élodie a trouvé de très jolies boucles d'oreilles pendantes, très contemporaines, comme je les aime. Je reçois également un joli bracelet de Sylvie, une de mes belles-sœurs, et une très belle ceinture offerte par sa fille, ma filleule. Aurélien, quant à lui, a la bonne idée de tous nous réunir en nous invitant à découvrir en famille la comédie musicale *Funny Girl*. Nous sommes des passionnés de ce type de spectacle qui mêle théâtre, musique et danse. Et, souvent, joie de vivre…

62 ans

Cette rentrée 2018 est particulière. Pour la première fois, je ne reprends plus le chemin de Radio France. Un grand sentiment de manque m'étreint. Mais je peux enfin être femme au quotidien. En réalité, pas tout à fait, car il me reste le « mardi garçon », jour où j'enseigne à l'école de journalisme de Sciences Po. Je n'ai pas prévenu les responsables de l'école. Là encore, je n'ai pas la force, en cours de ce semestre d'enseignement, de subitement me présenter en femme. J'en profite pour concentrer mes rendez-vous ce jour-là, afin d'être pleinement femme les autres jours de la semaine.

Cet automne sera la saison, épuisante, du coming out. Combien de fois vais-je répéter mon histoire, en attendant, inquiet, la réaction de celles et ceux à qui j'annonce qu'ils me voient « homme » pour la dernière fois ? Je commence par mes deux collègues avec qui j'ai tant œuvré au sein de Radio France en faveur de la diversité et contre le sexisme : Sophie Coudreuse, déléguée à l'égalité des chances, et Bérénice Ravache, présidente du Comité diversité et égalité, directrice de FIP. Nous déjeunons dans un restaurant voisin de la « maison ronde ». Elles m'assaillent gentiment de questions. Beaucoup d'interrogations sur cette difficile dualité femme-homme, sur notre couple, nos enfants, mais aussi sur mon orientation sexuelle, une question que plusieurs autres amis me poseront. Une question que je me suis évidemment posée, mais à laquelle je peine à trouver une réponse. Ce qui est sûr, c'est que Bruno n'a jamais été attiré par les hommes. Donc, il était hétérosexuel. Mais en changeant de sexe et en devenant femme, suis-je devenue lesbienne ? J'aime Christine, mais nos relations de couple ont forcément évolué. Christine n'est pas lesbienne. Mais nous restons marié(e)s. Si j'avais 18 ou 20 ans aujourd'hui, alors que la transidentité n'est plus « inconnue », et que j'opérais une transition, les choses seraient peut-être différentes. Peut-être serai-je lesbienne... Bon, cela fait beaucoup de « peut-être » et nous n'allons pas réécrire mon histoire ! Certains ajoutent une autre question, elle aussi pertinente : « OK, mais avec les hormones féminines, tu vas peut-être changer et te sentir attirée par les hommes ? » Encore un « peut-être »... Je peux simplement affirmer qu'après deux ans de traitement hormonal, je ne me sens toujours pas attirée par les hommes. Et puis, même si, comme le dit régulièrement Christine, « notre couple est vraiment bizarre », j'ai profondément envie qu'il perdure.

En revanche, une question reste en suspens pour Christine : comment me présenter ? Pour moi, c'est facile de continuer à parler de « ma femme ». Pas pour elle. Étant désormais de sexe féminin, je ne suis plus son mari ; mais n'étant pas lesbienne, je ne suis pas non plus sa femme. Pourtant, nous sommes toujours marié(e)s par la grâce du « mariage pour tous ». Avant, nous aurions été dans l'obligation légale de divorcer. Mais aujourd'hui, qui suis-je pour Christine ? La question reste ouverte...

Peu après, deux autres collègues et amis de Radio France à qui je fais mon « annonce » évoqueront avec moi leur homosexualité. Jamais auparavant, nous n'avions abordé leur orientation. L'un après l'autre, je les retrouve autour d'une table. Mes « révélations » et la discussion qui suivra les conduiront à évoquer leurs interrogations et leurs souffrances quand ils ont découvert qu'ils n'étaient pas « comme les autres ». Spontanément, ils vont me raconter leur histoire. Pour l'un, de la même génération que la mienne, il lui faudra attendre un stage à Londres dans le cadre de ses études pour découvrir que l'homosexualité peut se vivre « naturellement ». Dans la capitale britannique, les boîtes gay ont pignon sur rue et les homos peuvent montrer leurs sentiments librement. Ce qui n'était pas encore le cas en France... Selon lui, l'homosexualité lui permet sans doute de mieux comprendre ma situation. Il ajoute : « Mieux certainement que quelques bons gros "beaufs" hétéros qui auront toujours du mal à l'accepter. On peut espérer qu'avec le temps et l'éducation, cette partie de la population intolérante finira par diminuer. Mais combattre l'intolérance, c'est un peu comme combattre la bêtise, cela ne sera malheureusement jamais totalement gagné. » En souriant, il évoque notre « vie commune » de collègues à France Info qui ne pouvait rien lui laisser imaginer : « Je m'attendais à tout, sauf à ça. Tu étais à mes yeux un bon petit mari et un bon père de famille, parlant souvent de ta femme et de tes enfants. Je connais bien sûr la transidentité pour avoir vu plusieurs films à ce sujet que j'ai trouvés très émouvants. Je connais la situation d'une jeune fille très masculine essayant de se faire passer pour un garçon et n'acceptant pas d'être une fille, et aussi un garçon très efféminé ayant tout à fait l'air d'une fille. Mais pour moi, cela concernait soit des filles très viriles et vivant mal leur féminité, soit des garçons très efféminés. Je n'imaginais pas que cela pouvait concerner quelqu'un comme toi. En tout cas, c'est très courageux et tu m'as ouvert les yeux. »

Et cet autre ami, lui aussi à la retraite. Pendant des années, nous avons partagé nos repas à la cantine de Radio France. Je lui donne rendez-vous dans le Quartier latin où il anime une rencontre dans le domaine médical, son ancienne spécialité journalistique. Nous nous apprécions beaucoup, mais je crains sa réaction ; je connais ses opinions politiques et ses convictions religieuses plutôt traditionnelles. Mais je le sais également ouvert d'esprit et d'une grande tolérance. Et c'est ainsi qu'il va prendre mon coming out, me confirmant que notre amitié n'en sera pas affectée. De plus, il connaît très bien la transidentité et son suivi médical, d'autant que, coïncidence amusante, mon endocrinologue s'avère être sa voisine : lors de dîners, ils ont eu l'occasion d'évoquer sa spécialité et les traitements hormonaux.

Il y a plus d'un an, j'avais failli tout dire à Tiphaine, 20 ans, alors que nous passions une belle journée parrain-filleule à Disneyland. Entre elle et moi existe une très grande confiance, mais je n'avais pas osé. Cette fois, je profite de ce qu'elle est de nouveau à Paris pour l'inviter à déjeuner avec Aurélien, son cousin. Elle découvrira que son parrain est aussi un peu sa marraine. Un an plus tard, elle me racontera : « Sur le coup, la nouvelle ne m'a pas particulièrement marquée. Mais quelques jours après, cela m'a retrotté dans la tête et m'a profondément troublée. J'en ai parlé avec Aurélien. Je voulais savoir comment lui, ton fils, avait vécu cette annonce et comment il l'avait gérée. Il m'a expliqué que c'était vraiment nécessaire pour toi. À ce moment-là, je l'ai complètement accepté. »

Mais par quoi Tiphaine était-elle gênée ? « Je craignais que ton changement de sexe change les rapports entre nous. En réalité, je me suis rendu compte que cela ne changeait pas la personne que tu étais. Enfin si, quand même un peu... Comme j'étais chez vous à ce moment-là, j'ai bien ressenti que ta prise d'hormones, tes opérations, ta peur d'être rejetée modifiaient ton caractère et que tu devenais parfois difficile à gérer. Ton hypersensibilité ne t'a pas aidée, tu ne parvenais pas à prendre du recul. Aujourd'hui, je te sens vraiment bien dans ta peau. Et que mon parrain soit devenu une femme, tant que tu es heureuse, c'est le plus important. » Elle évoquera le sujet avec des camarades : « Cela ne me gêne nullement. Pour moi, la transidentité est une vie comme une autre. On n'en parle pas encore beaucoup et mes amis voulaient notamment savoir comment ta famille avait réagi, ta femme, tes enfants. Ils voulaient aussi avoir des informations sur le suivi médical, sur l'opération. Comme on en avait pas mal parlé ensemble, je n'ai pas eu de difficultés à leur répondre. C'était beaucoup de curiosité, mais de la curiosité positive, pas du tout malsaine, ni péjorative. »

Un nouveau moment de bonheur vient illuminer notre famille en septembre : la naissance de notre petit-fils, Firmin. Pour la seconde fois, notre fille est maman.

En octobre, sort le film que j'attendais avec impatience, *Girl*. Depuis quelques mois, on commençait à en parler. Le réalisateur belge, Lukas Dhont, raconte l'histoire de Lara, 15 ans, qui rêve de devenir danseuse étoile. Mais elle est née garçon et s'inflige de véritables séances de torture pour accomplir son ambition. Une ambition soutenue avec beaucoup d'amour par son père... Ce film a été récompensé à Cannes par la Caméra d'or. Et, geste extraordinaire des jurés de la sélection Un certain regard, ils n'ont remis qu'un seul prix d'interprétation, cette année-là non genré, ni féminin ni masculin, à l'excellent jeune comédien Victor Polster qui joue le rôle de Lara. Cette histoire émouvante et douloureuse me touche profondément. Je me retrouve dans Lara, dans sa souffrance, son impatience, son désir intense d'être en accord avec son esprit, bien que je sois très éloignée du monde de la danse. La fin du film est particulièrement dramatique, même si elle est plus dans le symbole que dans le réalisme. Lara procède à son émasculation, un geste désespéré que, je pense, nous sommes nombreuses à avoir imaginé. Le générique défile sur l'écran et j'éclate en sanglots, incapable de contenir mon émotion. Heureusement, la salle est déjà vidée du peu de spectateurs de cet après-midi de semaine. Je mets un long moment à maîtriser mes douloureux sentiments, laissant Christine quelque peu interloquée, mais consciente de tout ce que ce film a pu faire ressurgir en moi.

Dans les jours qui suivent, quel étonnement de découvrir des articles et des réactions brutales à propos de *Girl*... Étonnement d'autant plus profond que les critiques émanent de trans et de quelques associations. Il est notamment reproché au réalisateur de ne pas être lui-même transgenre, donc, de ne pas comprendre le fond des choses. Si on suit ce raisonnement communautariste, un journaliste non gay ne pourrait pas faire d'articles sur l'homosexualité ou un réalisateur célibataire un film romantique. Autre critique : *Girl* se focaliserait sur la souffrance des personnes transgenres et le rejet du pénis, ce qui montrerait une fausse réalité de la transidentité et justifierait le recours à la médecine. Nos vécus trans sont forcément différents ; alors pourquoi faudrait-il idéaliser la transidentité et cacher le vécu de celles qui, comme moi, n'ont cessé de ressentir une lourde souffrance et souhaitaient perdre le sexe pendu entre leurs jambes ? N'en déplaise à certaines associations trans, nous ne sommes pas des clones et nos ressentis peuvent être très différents. Ce superbe film, annoncé comme sérieux compétiteur aux Oscars du meilleur film étranger, ne sera même pas nommé dans la sélection du prestigieux prix américain. Il est vrai que dans *The Hollywood Reporter*, un chroniqueur cinéma proche d'associations trans aux États-Unis et très influent, Oliver Whitney, a qualifié *Girl* de « film le plus dangereux sur un personnage trans depuis des années ». Il va mener une campagne pour qu'il soit recalé. Et il réussira en arguant que *Girl* fait preuve de « voyeurisme » et de « sadisme ». Ce qui amènera Netflix à prendre des précautions extrêmes lorsque le film sera proposé sur sa plateforme. Il sera précisé que *Girl* est destiné à « un public averti » avec ces notifications : « Ce film traite de sujets sensibles et inclut du contenu sexuel et une scène d'automutilation » et « les actions détaillées dans ce film de fiction sont extrêmement dangereuses et ne devraient pas être tentées ». Des précautions qui prêtent à sourire quand on connaît l'extrême violence d'un bon nombre de films américains pour lesquels aucun avertissement n'est affiché dans leur présentation.

Une fois encore, cet exemple montre que beaucoup de militants, en défendant une cause ou un choix politique ou syndical, deviennent d'une grande intolérance à tout ce qui n'est pas conforme à leurs idées. Or, le monde est fait de diversité : défendre une cause sans discernement et avec sectarisme est forcément contre-productif en suscitant des réactions négatives. Par ailleurs, cette absence d'ouverture d'esprit est précisément ce que les mêmes reprochent aux transphobes.

Début décembre, je dois redevenir homme, du moins dans ma tenue, le temps d'une petite semaine. En juillet, j'ai été invité à faire une conférence sur le « média global » devant les cadres de la télévision et de la radio publiques tunisiennes. Dans le public, se trouvait le futur PDG de la télévision tunisienne, nommé peu après avec le projet de créer une chaîne d'info en continu. À sa demande, je vais à Tunis effectuer un audit de la rédaction, afin de mieux appréhender les forces et les faiblesses des moyens dont il dispose et lui faire des préconisations pour réussir ce beau projet dans le contexte politique pas encore totalement stabilisé de la Tunisie.

De retour à Paris et, ayant achevé mon semestre de cours à Sciences Po Journalisme, je peux désormais être femme au quotidien. Enfin, pas encore tout à fait, car nous devons fêter Noël à Lille avec nos enfants, petits-enfants et la famille de Christine, autour de sa mère. Or, sa mère n'a pas été mise au courant de ma situation. Pour la dernière fois de ma vie, je vais donc devoir revêtir mes atours masculins. Et ce n'est vraiment pas de gaieté de cœur : j'ai du mal à admettre que ma transidentité lui soit cachée. En cette fin d'année 2018, cette fête familiale sera la pire que j'ai vécue. Je ne me sens ni à l'aise ni à ma place dans cette assemblée de proches que, pourtant, j'apprécie beaucoup. J'ai l'impression de jouer une mauvaise comédie et d'être un étranger de mon propre corps. Lui est là, mais mon esprit pas vraiment. Je m'isole en jouant avec Félix. Un isolement que je romprai quelque temps avec Antoine, un de mes neveux, étudiant en pharmacie, qui vient m'interroger sur la transidentité, la dysphorie de genre, sur ce que j'ai ressenti durant ma vie et sur ma prochaine opération. Une discussion passionnante avec une curiosité positive et des questions pertinentes… qui me font du bien.

Le lendemain de ce pénible Noël, je vide avec frénésie penderies et placards de mes pantalons et chemises que je ne veux définitivement plus voir. Désormais, je sais que, plus une seule fois, je ne revêtirai ces habits d'un sexe qui n'est définitivement pas le mien.

Pour le Nouvel An, nous sommes invités chez ma sœur Véronique, à Rennes. Retrouvailles sympathiques et présentation de Béatrice à quelques membres de la famille qui n'avait pas encore eu l'occasion de découvrir mon nouveau « look ». C'est le cas de Denis, mon beau-frère. Il sera le seul à prendre de mes nouvelles et à s'intéresser à ma situation. Je reviendrai triste et dubitatif de cette réunion familiale. Alors que je prends des nouvelles de chacun en interrogeant sur la santé, les activités, la famille, les sorties, jamais une seule question ne me sera posée sur ce que je vis, sur ma prochaine hospitalisation, sur mon changement d'identité, sur mes coming out. J'avais notamment envie d'en parler de vive voix avec Véronique, que j'ai régulièrement au téléphone et qui n'a jamais cessé de me soutenir. J'en arrive à me demander si une forme de honte ou de gêne se serait emparée de ma famille, si le sujet n'est pas devenu tabou. Par mail, ma sœur me répond : « Depuis deux ans, je te soutiens dans tes démarches, ta transition, mais j'ai le sentiment que, pour toi, il faudrait sans cesse en parler.

Il ne faudrait pas tomber dans le narcissisme. N'est-ce pas par crainte du regard des autres ? Le nôtre est bienveillant depuis le début. Tu n'es pas responsable de ce que tu vis, ni des incidences qu'entraîne la dysphorie. Te respecter, c'est aussi te voir autrement qu'à travers uniquement ta transition. Ne pas en discuter avec toi n'est pas, pour certains, synonyme de mépris, d'indifférence, mais, parfois, juste de la pudeur de peur d'être intrusif. »

Je ne pense pas avoir sombré dans le narcissisme, même si je reconnais que, désormais, je commence à aimer l'image que me renvoie le miroir. J'ai envie de discuter, de communiquer, de recueillir des avis sur ces changements que je vis, sur ces questions qui me hantent par rapport aux autres, sur la vie qui m'attend alors que j'ai dû abandonner mes activités. Je sens un grand besoin de parler, d'échanger, peut-être aussi de me rassurer auprès de proches à qui j'ai certainement compliqué la vie. Malgré les propos rassurants de ma sœur, je reste étonné, blessé même, que des membres de ma famille proche à qui, en revanche, je demande régulièrement de leurs nouvelles ne m'aient jamais une seule fois interrogé sur mon quotidien fait, comme pour eux, de joies, de difficultés, de doutes… Je suis convaincu du pouvoir bénéfique de la parole quand celle-ci est riche d'écoute, de partage, de bienveillance et d'empathie.

Ces échanges bienfaisants, je les aurai avec mes amis « professionnels ». Ce début d'année 2019 marque l'ultime grande phase de mes coming out. Je profite des vœux de Nouvel An pour ajouter au traditionnel « bonne année » l'annonce choc de ma transition : « Comme vous le savez, depuis fin juillet, j'ai cessé mes activités de médiateur et me voici à la retraite. Plus d'un est étonné de ce départ "un peu jeune pour un passionné par son boulot". En réalité, mon départ à la retraite sonne la fin d'une "souffrance" ressentie depuis ma prime enfance. Une longue attente... Depuis l'âge de 5-6 ans, je sais que je ne suis pas née dans le bon corps, mais, évidemment, il m'a fallu attendre Internet pour comprendre que je n'étais pas seule dans cette situation, que cela s'appelait la dysphorie de genre, et que l'on pouvait "remédier" à cette situation souvent intenable. Certains moments furent très difficiles... Je suis accompagnée depuis quelques années par l'excellente équipe hospitalière parisienne spécialisée dans la transidentité. Depuis janvier dernier, je suis un traitement hormonal qui fonctionne bien (toutefois assez fatigant). Et mon opération de réassignation aura lieu en février, une opération lourde suivie de plusieurs mois de convalescence. Mais ce sera (enfin) ma nouvelle naissance... Pour l'instant, je ne rencontre que bienveillance et soutien auprès de ma famille, mes proches, mes amis... Ouf... Désormais, je suis Béatrice (Béa). J'ai entrepris le changement officiel d'état civil qui devrait intervenir lui aussi en février. Voilà pour cette "révélation" : en toute transparence, je voulais vous prévenir, car la "transition" avance. Du fait de la lourdeur de l'opération et du suivi médical, je vais me "mettre en pause" durant ce premier semestre, en espérant pouvoir reprendre mes activités d'enseignement, de conseil et d'audit à la prochaine rentrée. Béatrice ne devrait pas avoir perdu les compétences de Bruno. »

Les vœux que je recevrai en retour sont tous d'une attention extrême et d'une profonde amitié. Nombreux sont celles et ceux qui saluent mon « courage », un courage dont je n'ai pas vraiment conscience, ayant plutôt répondu à une profonde attente devenue insupportable. Et je repense à cette belle phrase du grand Albert Camus, présente sur mon bureau : « Être différent n'est ni une bonne ni une mauvaise chose. Cela signifie que vous êtes suffisamment courageux pour être vous-même. »

Je reçois également beaucoup de propositions de retrouvailles autour d'un déjeuner pour discuter de ma nouvelle vie. Un premier repas très chaleureux réunit une partie de mes ex-voisines de bureau de la direction de la communication de Radio France. Nous nous retrouvons dans un restaurant en compagnie de mon ancienne équipe et de ma successeure, la nouvelle médiatrice. Elles sont heureuses de découvrir Béatrice. Elles me trouvent « élégante et rayonnante ». Les questions fusent, je mettrai longtemps à finir mon plat de pâtes.

Cette année 2019 – l'an I – marque la fin d'une très, très longue attente, la réalisation d'un très, très long espoir...

An I

L’an I de ma nouvelle vie s’achève. Christine et moi partons souffler au Touquet : balades à vélo sur les nombreuses pistes cyclables ou à pied sur la longue plage au soleil couchant ; le temps, en cette fin d’année 2019, est magnifique. Petit réveillon en tête-à-tête, comme un couple « presque » normal. Nous trinquons à cette année très particulière et peut-être trop « rapide », dont Christine se remet encore avec difficulté. Il y a quelques jours, elle a toutefois accepté, du bout des lèvres, qu’une journaliste du *Monde*, Pauline Thurier, nous rencontre. Son article porte sur les couples dont l’un des membres révèle sa transidentité, sans que, pour autant, cette révélation conduise à une séparation, contrairement à la majorité des cas. Christine a beaucoup hésité. Elle rêve d’anonymat, mais reconnaît qu’elle aurait aimé lire et partager des témoignages de couples confrontés à la transidentité lorsqu’elle a appris ma situation, il y a presque sept ans. C’est une chance qu’un des plus grands quotidiens français décide d’évoquer ce sujet très rarement abordé dans la presse. Une fois encore, si cela peut, comme le dit si bien Averroès, éviter « l'ignorance [qui] mène à la peur, la peur [qui] mène à la haine et la haine [qui] conduit à la violence », donc à la transphobie, nous aurons fait progresser une part d'humanité grâce à la connaissance qui, elle, mène à l'ouverture d'esprit et à la tolérance.

Pour une ambiance plus rassurante, ma jeune consœur se propose de venir nous rencontrer chez nous. Avec beaucoup de délicatesse, elle interroge Christine qui confie ses angoisses, ses questionnements, mais aussi sa tendresse.

Le dimanche suivant, le 9 février, quelle surprise de découvrir que nous faisons la une du *Monde*, ce quotidien qui reste une de mes meilleures références en matière de journalisme… Je n'aurais jamais imaginé avoir un jour ma photo à droite des célèbres caractères gothiques du titre du journal, coiffant le renvoi aux pages « L'époque » : « Accepter un mari qui a changé de sexe après une longue vie commune. » Autre surprise : tel un poster, notre photo occupe l'ensemble de la première page du supplément « L'époque », encarté dans le quotidien. Une très belle photographie en clair-obscur de Martin Colombet. Il y a quatre jours, le photojournaliste est venu réaliser plusieurs centaines de clichés. D'une manière inattendue, son œil de professionnel a repéré un éclairage intimiste sur le palier du premier étage. La lumière provient de la fenêtre de la salle de bains et de mon bureau voisin. Pour respecter le souhait d'anonymat de Christine, Martin Colombet doit veiller à ce que son visage ne soit pas visible. Nous nous enserrons dans nos bras, mon visage cachant le sien et ne laissant apparaître que ses cheveux et sa nuque, rendus légèrement flous par la profondeur de champ.

Sur la page suivante, se lit l'enquête de Pauline Thurier qui a rencontré plusieurs couples vivant la même situation : un mari devenu femme. Nous nous retrouvons d'ailleurs dans la plupart des propos des autres couples. Le long article, d'une grande sensibilité, débute par mes « samedis fille » : « Chaque samedi, c'était le même rituel. Lorsque Christine Denaes claquait la porte pour partir travailler à la pharmacie, Béatrice sortait le carton caché dans la gaine technique de la maison familiale et enfilait les vêtements féminins qu'elle avait achetés en ligne. Béatrice Denaes pouvait alors être elle-même. [...] “Ce n'est pas un phénomène de mode, ce n'est pas pour se faire plaisir ou pour emmerder le monde”, se justifie-t-elle, à propos de cette nécessité de changement qui s'est imposée à elle. » Puis la journaliste raconte : « Après tant d'années de vie commune, deux enfants élevés ensemble, des projets, des voyages, une maison, [Christine] choisit de rester, au nom de la tendresse qui les unit toujours. Mais un tel bouleversement ne va pas sans déstabiliser l'équilibre familial. [...] Dans un couple, cette période de transition pendant laquelle une personne transgenre traverse de nombreux changements devient alors une aventure à part entière, dans laquelle le conjoint et l'entourage proche ont rarement choisi de s'embarquer. Ils peuvent en être tout aussi bien les passagers malgré eux que les seconds rôles essentiels ».

C'est un excellent résumé de ce que nous avons vécu, le paroxysme ayant été atteint cette dernière année depuis ma réalité de femme à part entière. L'article du *Monde* est un magnifique cadeau à quelques jours du premier anniversaire de ma nouvelle naissance, le 13 février 2019, jour où mon esprit et mon corps se sont réconciliés. Cette année a été intense en émotions positives, mais aussi, soyons honnêtes, en interrogations, en crises, parfois en incompréhensions. Fusionner son corps et son esprit n'est pas un long fleuve tranquille, surtout quand c'est attendu, espéré depuis tant d'années. Le bonheur est tellement immense qu'on a envie de le partager, de l'évoquer, de l'expliquer et d'avancer vite, trop vite peut-être, sur cette route idéalisée dont la barrière vient d'exploser. Les proches, familles, amis, monde professionnel, que je ne remercierai jamais assez pour leur soutien, doivent trouver leur rythme à ce changement qui leur tombe dessus. Un rythme plus posé… Ils n'ont rien demandé et, subitement, leur vie est perturbée. Le mari, le père, le frère, l'ami, le confrère est en fait une femme. J'avais écrit aussi « le grand-père », mais je l'ai effacé. Félix et Firmin se moquent du regard des autres et de tous ces codes de la vie sociale des adultes. Pour eux, ce qui compte, c'est l'amour qui nous unit et ces moments de jeux, de lectures, de spectacles, de retrouvailles familiales partagés, sans se soucier d'apparence.

Je suis une femme, mais, extérieurement, j'apparaissais homme aux yeux de tous. La jolie phrase du Petit Prince d'Antoine de Saint-Exupéry prend toute sa valeur : « On ne voit bien qu'avec le cœur. L'essentiel est invisible pour les yeux. » La façon de voir est désormais différente, mais il m'a fallu comprendre que la temporalité n'était pas la même pour celles et ceux qui me sont proches. Une forme de deuil, comme me le disent ma femme et plusieurs amis. Bruno est mort, vive Béatrice. Facile à dire quand on le souhaitait depuis près de soixante ans, difficile à intégrer quand on a vécu avec Bruno pendant quarante ans ou qu'on l'a côtoyé pendant des années. Jennifer Huet, ma psychologue de l'hôpital Tenon, m'a aidée à le comprendre. Comme elle m'a expliqué, à mon plus grand étonnement, avoir vécu une forme de baby-blues après ma vaginoplastie… Cette transformation est comparable à l'euphorie engendrée par un accouchement. Or, quelques jours après, la nouvelle maman s'effondre. Tout comme je me suis effondrée après cette intervention chirurgicale pourtant tellement attendue : questionnements existentiels, légitimité, reconnaissance d'un nouveau statut, impression d'éloignement et de désintérêt des proches, difficultés administratives insupportables… Le baby-blues peut conduire à une grave dépression du post-partum. En retirant le qualificatif « post-partum », c'est exactement ce que j'ai vécu avec les sautes d'humeur et mes envies d'en finir.

Pour Christine, ce fut un « tsunami ». Pour les enfants, un choc. Comme lors d'un tsunami, ils ont été contraints de suivre une route ravagée, où nombre de repères « classiques » ont disparu. Ils n'avaient rien demandé et leur vie, leur route ont été bouleversées. Le travail est long pour retrouver, replacer – différemment – les repères et reconstruire une nouvelle route.

Aujourd'hui, alors que débute l'an II, j'ai l'impression que notre chemin familial s'est viabilisé et que la route a gagné en stabilité. Mon attitude, certainement éprouvante pour mon entourage, de jeune fille « pubère », obsédée par son nouveau corps, trop « féminine », susceptible, recherchant en permanence le soutien des autres, s'est équilibrée. Je grandis.

Et pour grandir, il faut du temps et de l'amour.

Pour en savoir plus...

Ils m'ont accompagnée dans ma transition et m'ont éclairée sur de nombreux points. Ils sont quatre spécialistes de la transidentité. En marge de mon histoire, je vous propose d'aller plus loin en partageant les entretiens qu'ils m'ont accordés, des entretiens qui apportent nombre de réponses sur la dysphorie de genre, la féminité, la virilité, la transphobie, la psychologie trans, les opérations chirurgicales…

Le féminin et le masculin
Jennifer Huet

Jennifer Huet est la psychologue du service de chirurgie plastique de l'hôpital Tenon. Elle accompagne celles et ceux qui vont subir ou ont subi une opération de reconstruction, qu'il s'agisse de reconstructions liées à une maladie, comme le cancer, à un accident ou à la transidentité. Des reconstructions pour lesquelles le psychisme occupe une part majeure. Dans beaucoup de ces opérations, le féminin et le masculin sont l'objet de questionnements importants et passionnants.

L'hôpital Tenon propose un suivi psychologique après une opération de réassignation. Pourquoi ?

C'est une spécialité de l'équipe parisienne. Au départ, je travaillais à l'hôpital Saint-Louis au sein de l'équipe de chirurgie plastique, plus spécifiquement auprès des patientes qui subissaient une reconstruction du sein après un cancer. L'intégration psychique de ce nouveau sein a énormément d'influence sur la suite des traitements, mais aussi sur le bien-être des femmes opérées. En partant de cela, le Pr Revol, qui dirigeait le service, m'a un jour proposé de travailler avec lui et nous avons réfléchi à mettre en place un suivi psychologique, indépendant de l'« évaluation » des personnes transidentitaires. Nous voulions sortir de cette « évaluation » qui rendait le suivi psychologique très compliqué.

L'« évaluation », c'est cette période qui précède le traitement hormonal et l'opération de réassignation...

Oui. À l'époque, il y avait une observation par un psychiatre, mais aussi par un psychologue, qui pratiquait des tests et des entretiens qui, de mon point de vue, pouvaient être relativement intrusifs. Nous, nous voulions proposer un suivi psychologique indépendant de cette « évaluation » qui existe toujours, mais de manière allégée. On a appliqué à la transidentité ce que l'on faisait pour la plastie en général. On s'est rendu compte que c'est dans l'après-opération de réassignation qu'il y avait un besoin. Cette opération chirurgicale qui marque le corps ouvre un travail psychique ; cela permet de remettre du mouvement là où les mécanismes de défense étaient très développés. C'était le moment le plus favorable à une proposition de suivi, de soutien, voire de psychothérapie avancée.

Cela peut sembler paradoxal d'avoir besoin d'un suivi psychologique alors qu'après une vaginoplastie, les opérées sont dans le bonheur immense d'être enfin elles-mêmes...

On a constaté que les personnes opérées vivaient une forme de baby-blues, exactement comme la femme qui vient d'accoucher. C'est plus vrai d'ailleurs chez la femme trans que chez l'homme trans. Dans les jours qui suivent l'intervention, souvent au moment de la sortie de l'hôpital, on assiste à un phénomène similaire au baby-blues, à savoir une certaine irritabilité, de la tristesse, le fait de se demander si on a fait le bon choix, si on va réussir à s'assumer dans son nouveau corps... On peut avoir du mal à supporter l'attitude de l'entourage. Et comme le baby-blues, cela peut déboucher sur une vraie dépression. Pour la femme qui vient d'accoucher, on parlera d'une dépression de post-partum. Là, c'est une dépression postopératoire qui peut être excessivement importante si elle n'est pas prise en charge très vite. Et dans ma démarche postopératoire, lorsque je rends visite aux patientes dans leur chambre, il y a un travail de détection de certains facteurs qui pourraient annoncer une dépression.

Cela dépend évidemment de chaque patiente et patient. Il y a deux niveaux. Le premier, celui de la satisfaction que provoque, en grande partie, l'opération par rapport à une demande ancienne et à une longue attente. En tant que thérapeute et psychanalyste, je peux répondre à un second niveau de demandes, un peu plus latentes, qui accompagnaient cette demande de changement.

Alors, justement, quelles sont les principales difficultés qui peuvent apparaître chez les patientes ?

Déjà, comme dans n'importe quel autre service de chirurgie ou de médecine, nous pouvons proposer un accompagnement lié à d'éventuelles complications postopératoires. Il peut y en avoir, consécutives à une opération délicate et qui peuvent entraîner des angoisses. Angoisses de se sentir très faible après l'opération, d'avoir des pertes hémorragiques, de s'interroger sur le fonctionnement de son corps…

Les patientes et les patients peuvent aussi avoir l'impression que leurs attentes ne sont que partiellement réalisées. Ils ont mis tant d'espoir dans l'opération qu'ils ont tendance à oublier qu'il peut y avoir d'autres problèmes autour, comme l'intégration professionnelle ou la dépression qu'ils vivent depuis quinze ans. Or, l'opération ne règle pas tout. Avant l'opération, on pense que celle-ci va provoquer un bonheur intense dans une nouvelle vie idéalisée. Mais ce n'est pas si simple…

Apparaissent souvent des questionnements qui n'existaient pas avant l'opération, des questionnements principalement existentiels. On se disait : « Je sais qui je suis : je suis une femme. » En réalité, on sait que cela ne veut rien dire, aussi bien pour les trans que pour les cis [femmes ou hommes « biologiques »]. Et puis, dans l'après-opératoire, on se dit : « Très bien, j'ai enfin des organes génitaux féminins. Mais, pour autant, suis-je vraiment une femme ? Et qu'est-ce qu'une femme ? » Idem pour les « femmes vers hommes ». Donc, l'opération amène vers un autre degré de questionnements, que nous pouvons accompagner.

Difficultés, aussi, avec l'entourage ?

Il y a, par exemple, ces femmes qui considèrent qu'il leur est impossible d'avoir une vie amoureuse en gardant leur pénis. Elles attendent que leur vaginoplastie leur permette de rencontrer l'amour, un peu idéalisé comme dans une belle romance. Malheureusement, tout ne se passe pas toujours comme on l'a rêvé et on peut être confronté à des réactions transphobes.

L'entourage peut aussi entraîner de profondes déceptions parce qu'il refuse de considérer que leur proche opérée est enfin une « vraie » femme ; celle-ci se cogne alors la tête contre le roc de la réalité biologique dont certains, dans l'entourage, ne veulent pas se départir.

Y a-t-il des milieux dans lesquels l'intégration apparaît plus difficile ?

Oui, cela peut être lié à la religion, quelle que soit la religion, quand certains considèrent que l'opération est un acte contre nature, contre Dieu, puisque, estiment-ils, c'est Dieu qui fait l'homme ou la femme. Il peut y avoir des difficultés dans ces milieux religieux, comme dans tous les milieux qui sont homophobes, transphobes, ou qui font preuve de très peu d'ouverture.

C'est souvent lié également à des milieux peu éduqués, notamment à la question du masculin et du féminin, et qui restent sur cette certitude que le sexe fait le genre.

Toutefois, il m'arrive aussi de recevoir des familles qui sont assez fermées au départ ; elles vont se rendre compte progressivement qu'il y a une telle détresse chez leur proche trans qu'elles vont finir par accepter l'opération. Même si elles peuvent rester dans l'incompréhension… En tout cas, elles voient que leur fille, leur fils, leur mari ou leur femme sont beaucoup moins malheureux qu'auparavant.

La plupart des personnes transidentitaires ont découvert leur mal-être dans leur enfance…

Avant, on parlait de « transsexualisme primaire » et de « transsexualisme secondaire ». La plupart des patients disaient qu'ils étaient des « trans primaires », parce qu'ils avaient constaté leur mal-être dans la période du développement de l'identité sexuée, entre 3 et 6 ans. D'autres disaient qu'ils l'avaient ressenti plus tard, mais ils avaient souvent des difficultés à être crus ; on remettait en question leur dysphorie parce qu'on pensait que cela ne pouvait qu'apparaître dans l'enfance. À l'époque, on disait même que ce n'était pas de « vrais trans ». Aujourd'hui, on ne pense plus du tout cela ; les dysphories peuvent se manifester à différentes périodes de la vie.

Les personnes trans devenues femmes constatent beaucoup plus de bienveillance et d'intérêt de la part des femmes que des hommes. Comment peut-on expliquer ce comportement ?

Je ne sais pas si toutes constatent cela. Dans ce que j'ai pu entendre, c'est parfois plus le fait qu'elles s'attendaient à une galanterie certaine des hommes. Il y a une espèce de fantasme de la femme qui va être protégée, qui va être aidée par l'homme, qui va bénéficier de galanteries. Or, la réalité est bien différente. Elles vont découvrir une misogynie qui ne leur apparaissait pas auparavant, ainsi que du machisme.

Il peut aussi y avoir une réaction de phobie des hommes face au changement de sexe. Pour eux, la vaginoplastie peut apparaître comme une amputation avec cette incompréhension : comment peut-on en venir à se faire amputer de son sexe pour devenir une femme ? Pour une bonne majorité d'hommes, c'est totalement inconcevable. Ils imaginent mal qu'on puisse leur retirer leur attribut viril, véritable « repère » fondamental pour eux ; cela revient à ce qu'ils se questionnent sur ce qui fait leur masculinité.

Donc, indirectement, cela les remet en question…

Oui, cela fait un peu « trauma » pour eux. C'est la théorie infantile des petits garçons qui possèdent ce petit bout qui dépasse, cet attribut dit « viril », et qui ont l'angoisse de le perdre. On parle d'« angoisse de la castration », de cette angoisse de perdre cette donnée fondamentale, structurante pour leur développement futur.

Finalement, l'opération que subissent les femmes trans est cauchemardesque pour les hommes. Leur éclate en plein visage le fait que cette castration peut arriver. De plus, volontairement. Pour beaucoup d'hommes, c'est incompréhensible… Et, encore une fois, hypertraumatisant de se retrouver confrontés dans la réalité à cette angoisse de castration.

Il y a cet aspect psychique, mais également l'aspect social. Nous sommes dans une société encore assez patriarcale, machiste. Il est, par exemple, plus facile de comprendre qu'une femme biologique puisse devenir un homme. Les hommes trans sont beaucoup plus facilement intégrés dans la société, dans leur travail ou dans des relations amoureuses. Ce qui n'est pas le cas pour les femmes trans. Ce qu'on entend dans le discours social, c'est : comment pouvait-on être homme, avoir un pénis, et s'en être séparé pour devenir femme ? Pour beaucoup, le pénis, ou plus exactement le phallus, c'est-à-dire le pénis en érection, représente le pouvoir viril par rapport aux femmes qui n'en ont pas.

D'ailleurs, les actes transphobes sont quasi exclusivement masculins et touchent quasi uniquement les femmes trans.

Exactement. Tout comme les actes homophobes touchent principalement les homos plutôt efféminés ou ceux dits « dans une position féminine », qui acceptent quelque chose qui serait du côté de la passivité, selon un stéréotype féminin.

À propos des actes transphobes, c'est vrai que les actes violents ne concernent que les femmes trans. Mais avec cette très forte ambivalence : il y a de la haine, mais aussi de l'excitation. Et parce qu'il y a de l'excitation, il y a de la haine. Cela s'apparente très souvent à des agressions sexuelles.

Vous êtes psychologue clinicienne et psychanalyste. Depuis quand travaillez-vous avec des patients transidentitaires ?

Cela fait une dizaine d'années, depuis la fin de mes études. J'ai donc commencé à l'hôpital Saint-Louis qui avait le plus gros service parisien de chirurgie plastique. Mon axe de recherche était le narcissisme. Je voulais travailler sur les opérations de chirurgie esthétique et voir en quoi le fait de modifier son corps pouvait amener à une amélioration psychique. J'avais très peu d'idées sur la question et je n'avais pas envisagé qu'à l'hôpital, il s'agissait plus de reconstruction que d'esthétisme à proprement parler. Même si, dans la reconstruction mammaire, il y a une part d'esthétisme. En réalité, autour de cette opération, il y avait tout un questionnement sur le féminin et la féminité. Beaucoup de femmes disaient : si je n'ai plus de seins, je ne suis plus tout à fait sûre d'être une femme. Il y avait un vrai questionnement identitaire : je ne me sens plus femme, je ne me sens plus mère, je ne me sens plus amante.

Puis, le Pr Revol m'a proposé de travailler avec lui sur ces personnes qu'on appelait transsexuelles à l'époque. Je n'y connaissais rien. Il m'a dit : « Tant mieux… Moi aussi, j'ai commencé sans rien y connaître. Mais j'ai envie de construire quelque chose. » On a un peu tâtonné au départ, mais très vite, j'ai été intégrée aux équipes chirurgicales et je n'ai cessé de développer mon activité avec des évolutions au fil du temps. C'est d'ailleurs intéressant de voir tout le parcours par lequel on passe et c'est avec ça que je travaille aujourd'hui. Il y a tout ce questionnement sur ce qu'on se représentait un peu bêtement comme des fondamentaux. Avant de travailler dans ce service, je ne m'étais pas vraiment demandé : c'est quoi être un homme, être une femme ? Est-ce que je me sens femme ou pas ? Qu'est-ce qui me permet d'être considérée comme femme ?

De fait, ce sont des questions qu'on peut être amené à se poser au cours de sa vie, comme pour un cancer du sein, lors de la maternité ou à l'occasion d'une rupture amoureuse.

Ce type de chirurgie amène donc un grand nombre de questionnements…

Oui, et il reste des domaines de recherche très ouverts dans le domaine transidentitaire sur lequel on continue de travailler. On sait par des études que l'opération chirurgicale et la transition améliorent considérablement la qualité de vie des personnes trans, mais on ne sait pas pourquoi. Ni en quoi, précisément, cela peut améliorer leur qualité de vie.

Pourtant, cela semble évident…

Eh bien, non ! Ça l'est sur des points extrêmement superficiels, mais sur l'aspect psychique, on ne sait absolument pas pourquoi il y a amélioration. Une femme trans va se sentir heureuse de se mettre en maillot de bain féminin, de montrer ses formes, de se mettre en jupe. Oui, mais cela reste très superficiel. L'opération va répondre à des questions et à des attentes, mais elle va aussi en créer d'autres.

Je vois beaucoup de patientes qui me disent : « Je suis très contente de l'opération. Je me sens "conforme" (c'est souvent l'expression qu'elles utilisent). J'ai un corps qui a été mis en conformité avec la façon dont je me le représentais. Sauf que, maintenant, j'ai cette question : suis-je une "vraie femme" ? » Et elles m'expliquent les difficultés qu'elles ont rencontrées dans des discussions avec d'autres femmes qui abordaient la question de la ménopause, des règles, de la grossesse ou de maladies gynécologiques. Elles se sont senties mal à l'aise avec, me précisent-elles, un sentiment d'imposture. Car cette question arrive très souvent : « Est-ce que les femmes que j'ai en face de moi vont me considérer comme étant moi-même une femme ? » Arrive aussi la question du vagin : est-ce que c'est le même vagin anatomique que celui d'une femme biologique ? Oui, cela lui ressemble, mais on ne peut pas dire qu'il soit 100 % identique. C'est ce questionnement du 100 %, le fait de calquer ou de faire correspondre. En réalité, ce qui leur a manqué, c'est le développement de la petite fille, ce qu'on appelle la « psychogenèse ».

Une autre réalité les rattrape également lorsqu'elles vont faire une prise de sang et que l'infirmière leur demande à quand remontent leurs dernières règles. Ou le dernier frottis. Elles se trouvent alors confrontées à la réalité biologique. Pour certaines femmes trans, c'est juste insupportable.

Il y a aussi cette réalité brutale : « Je suis femme, mais je ne pourrai jamais avoir d'enfants. » Ce n'est pas parce qu'elles sont stériles à cause d'une maladie, mais parce qu'elles étaient hommes. Cela les renvoie en permanence à leur passé.

Souvent, j'ai des femmes qui, après l'opération, viennent me voir avec la nécessité de retravailler sur leur histoire. Elles me confient : « J'ai brûlé toutes mes photos de moi en tant que petit garçon, parce que je ne peux plus regarder ma vie masculine d'avant. Finalement, j'ai brûlé toute une partie de ma vie et maintenant, je me retrouve avec un énorme trou dans mon histoire. Quand des gens que je connais me demandent comment cela se passait lorsque j'étais "petite", je me sens incapable de répondre à cette question. Je suis incapable de parler de moi quand j'étais enfant. Du coup, je m'ampute de toute une partie de mon histoire dont je ne sais quoi faire. »

Et vous, que pouvez-vous faire ?

Justement, les amener à retravailler leur propre histoire, à intégrer le fait que tout en étant femme, on peut avoir été un garçon auparavant. Mais ce n'est pas aussi clair que cela pour tout le monde. À la limite, intégrer l'opération et sa transformation est facile, intégrer son passé l'est beaucoup moins.

La passion d'une jeune chirurgienne Sarra Cristofari

Sarra Cristofari, jeune chirurgienne de 38 ans, jeune maman, m'a tout de suite séduite par son énergie, sa passion, sa compétence et son humour. J'avais envie d'en savoir plus sur son approche de la chirurgie de réassignation et de la transidentité. Nous nous sommes vues dans un café du Quartier latin. Je lui avais demandé de pouvoir disposer d'une petite heure pour cette interview. Nous avons discuté plus de deux heures et demie sans voir passer le temps.

Vous avez 38 ans, depuis combien d'années êtes-vous chirurgienne ?

Depuis que j'ai commencé mon internat, en 2006. Et j'ai pratiqué ma première vaginoplastie, seule, il y a quatre ans. Mais je suis également spécialisée en tête et cou ; toutes les reconstructions liées, notamment, aux cancers. J'ai également beaucoup pratiqué de chirurgies dermatologiques et de reconstructions mammaires. C'était une grande spécialité de l'hôpital Saint-Louis où j'étais auparavant, avant que notre équipe soit transférée à l'hôpital Tenon. Là, je reprends l'activité de mon chef de service, le Pr Revol, qui vient de partir à la retraite : les reconstructions génitales des personnes trans, mais aussi la torsoplastie masculinisante pour les hommes et l'augmentation mammaire pour les femmes. Par ailleurs, je continue de « faire du visage » parce que c'est ma formation et ma spécialité et que j'adore ça.

Nous allons réintroduire les reconstructions génitales masculinisantes que nous n'avons pas reprises depuis notre arrivée à Tenon, le temps de redéployer nos activités. Cette intervention est très complexe et sujette à complications (un constat fait par toutes les équipes dans le monde), mais les techniques se sont améliorées depuis deux ans et j'ai quelques idées pour affiner l'intervention. On sait faire ; on est plasticiens, c'est notre domaine. La technique peut simplement changer pour allonger l'urètre ; nous travaillons avec des urologues.

Comment vous est venu cet intérêt pour les opérations de réassignation ?

C'est vraiment le hasard. Quand je suis arrivée en tant qu'interne dans le service de chirurgie plastique du Pr Revol, je ne connaissais rien à la transidentité. Nous n'avions aucune formation à la fac dans ce domaine. Et je voyais cela comme un pré carré de mon patron ; c'était vraiment son truc, ses patientes qu'il bichonnait. Je n'avais donc aucune raison de m'y intéresser, sans compter qu'à cette époque, le domaine génital n'était pas de ma compétence. Mais il fallait assurer la suite de notre chef de service qui approchait de la retraite et, un peu poussée par lui, je m'y suis mise en compagnie de mon collègue Jonathan Rausky, également chirurgien plasticien.

J'ai découvert qu'en termes de chirurgie, les résultats étaient époustouflants. Sur le plan technique, c'est hyper intéressant. Au début, en tant qu'interne, je ne comprenais pas grand-chose. Je me disais : mais c'est quoi cette opération ? Il coupe, il remet, il suture et ça devient un sexe de femme. Je pensais que c'était au-delà de mes compétences, mais, en réalité, tout est très codifié et très logique. Et puis, j'ai trouvé les consultations très sympas ; je passais de bons moments avec les patientes trans. Donc, je m'y suis mise et je ne le regrette pas. Comme quoi, dans la vie, il y a des hasards qui conduisent à des voies inattendues.

Votre formation s'est donc faite sur le terrain...

Oui, aux côtés de mon patron. Il m'a également envoyée à l'étranger pour étudier différentes techniques. Je suis allée en Thaïlande et aux États-Unis. Je vais également dans les congrès où on apprend énormément au contact d'autres équipes.

Il n'y a pas de formation spécifique à la fac de médecine ; il faut se dire que cette chirurgie reste une chirurgie de « niche », pratiquée uniquement à l'hôpital et dans des services très spécialisés.

Et puis, je pense qu'il faut être également compétent dans d'autres domaines de la chirurgie, ne pas s'enfermer dans une seule spécialité. C'est bien de pouvoir continuer à progresser *via* d'autres types d'interventions : elles apportent de nombreuses idées pour améliorer les techniques.

La vaginoplastie est donc une opération délicate ?

Très délicate. C'est une opération qui demande une formation très pointue. Pour mes premières, j'étais vraiment stressée. Heureusement, je ne le suis plus.

Quels sont les plus gros risques ?

D'abord, de léser les voies urinaires, qui sont en avant quand on crée la cavité vaginale, et de léser en arrière le rectum. Le moment le plus complexe est la création de cette cavité vaginale, qu'il faut faire au bon endroit et dans le bon plan.

Que pensez-vous de ces associations qui dénoncent le manque de compétence des chirurgiens français ?

Oui, ça traîne sur des blogs et des forums, mais je me demande bien d'où cela vient. Et surtout sur quoi cela s'appuie. Peut-être sur une réalité d'il y a quarante ans. Mais depuis, de grands chirurgiens comme Revol à Paris et Morel-Journel à Lyon nous ont permis d'atteindre un niveau de technique équivalent à tout ce qui se fait ailleurs dans le monde. Le Pr Revol est quand même allé se former auprès du Dr Brassard, au Canada, qui est une vedette internationale dans le domaine.

On peut trouver une patiente qui a eu des complications, comme cela peut arriver après une opération aussi délicate n'importe où dans le monde ; elle n'est pas contente et elle décide de le dénoncer sur Internet. Évidemment, à qui va-t-elle en vouloir ? Forcément au chirurgien. Mais cela ne concerne pas seulement les vaginos ; c'est malheureusement vrai pour tous les types de chirurgie. Nous, chirurgiens, sommes tous confrontés à des complications possibles ; cela arrive, mais ce n'est pas un problème de compétence.

Il est également reproché le parcours médical imposé avant l'opération de réassignation…

Oui, mais ce parcours médical est imposé par la Sécu et non par les chirurgiens. Moi, je suis un peu la dernière roue du carrosse que les patientes viennent voir parce qu'elles ont envie de l'opération et qu'elles ont la volonté de changer de sexe. Ce qui m'embête, c'est que leur choix est forcément limité puisque nous sommes très peu à pratiquer ce type d'opérations. Ce n'est pas notre faute, mais ce n'est jamais très agréable de sentir de la part de certaines patientes qu'elles viennent me voir non pas par choix, non pas parce que je serais bonne chirurgienne, mais contraintes en quelque sorte. En France, on a le choix de son médecin, mais là, pour une intervention aussi importante, on n'a pas vraiment le choix de son chirurgien et je trouve cela dommage. Cela dit, il ne faut pas exagérer, les patientes qui sont dans cet état d'esprit ne sont pas nombreuses ; du moins, je le ressens ainsi.

Ce dont on peut se féliciter, c'est qu'en France, la Sécu prend tout en charge à 100 % dans ce parcours médical, que ce soit pour les hormones ou la chirurgie. Il n'y a pas de sélection par l'argent. La seule condition est d'être suivi à l'hôpital.

Certaines associations militantes estiment que ce parcours est psychiatrisé et s'en prennent à vous, les spécialistes hospitalo-universitaires.

Il est vrai qu'en France, la Sécurité sociale impose un suivi psy de deux ans avant d'accepter l'opération. Pour beaucoup de personnes trans, deux ans, ce n'est vraiment pas utile. Les recommandations internationales, quant à elles, n'exigent qu'un suivi d'un an.

Des patientes mélangent un peu tout et nous accusent de tous les maux. Ce regroupement de médecins de différentes spécialités liées à la transidentité nous permet d'échanger et d'être meilleurs dans nos pratiques et nos décisions. Cela s'est peut-être fait par le passé, mais, moi qui suis jeune chirurgienne, à l'heure actuelle, je ne vois personne qui veuille imposer des décisions aux patientes. Encore une fois, c'est la Sécu qui impose les deux années de suivi et qui donne son accord à la prise en charge, pas nous.

En tout cas, contrairement à ce que certains peuvent dire, notre seul but de médecin, de chirurgien est de rendre la vie meilleure à nos patientes, et non de leur imposer quoi que ce soit.

Qu'attendez-vous des pouvoirs publics ?

Justement, une meilleure compréhension de ce que nous sommes. Pourquoi ne pas imaginer des centres médicaux dédiés aux patientes trans, une amélioration du délai de suivi par la Sécurité sociale avant l'opération et, surtout, des moyens supplémentaires J'aimerais bien avoir une infirmière qui fasse de l'éducation thérapeutique aux patientes avant que je les opère et après. Mais nous ne disposons que d'une seule infirmière de soins postopératoires pour trois services et 20 chirurgiens en plastie, gynéco et viscéral. Nous n'avons qu'un seul box pour les pansements.

Quelles sont vos grandes satisfactions de chirurgienne, vous qui réparez en quelque sorte les erreurs de la nature ?

Vous savez, je suis très basique et j'essaie de faire au mieux mon travail. Je veux que ce soit parfait quand on sort du bloc et que les patientes soient satisfaites. Je suis aussi heureuse quand c'est joli, je suis chirurgienne esthétique, il ne faut pas l'oublier, même si c'est de la reconstruction.

Dans un autre domaine, il y a plein de satisfactions à aller dans les congrès, les colloques. J'adore voir et apprendre ce que les autres font. Je me dis : tiens, je pourrais améliorer telle et telle chose en faisant comme ça. À chaque fois que je reviens d'un congrès, je suis trop contente, trop enthousiaste. Tout ce que j'ai appris pour la féminisation du visage, ce n'est pas en France que je l'ai appris. Il y a beaucoup à faire dans ce domaine. J'ai par exemple créé à l'université Pierre et Marie Curie Paris 6 un enseignement optionnel en quatrième année de médecine autour de la transidentité. Cela ne parle pas que de chirurgie, mais aussi d'endocrinologie, de la place du psy, de droit avec une juriste qui a accepté de venir. Il n'y a que 10 à 12 étudiants, tous très motivés. Voilà aussi un motif de satisfaction.

Comment appréhendez-vous la transidentité dans votre métier ?

J'avoue que les consultations de mes patientes m'ont beaucoup enrichie. Je me sens utile. Et elles sont tellement enthousiastes, avec, il est vrai, aussi un peu d'appréhension et d'angoisse. C'est magique quand on est chirurgienne : vous avez une situation et vous la transformez en autre chose par rapport à ce que la nature avait établi, pour soigner, corriger, améliorer. C'est de l'artisanat : on fait ça simplement avec un bistouri, un porte-aiguille et du fil. Ma spécialité, je l'adore ; sans se donner des airs d'artiste, on fait de l'architecture corporelle, le résultat est visible et cela rend heureuses mes patientes. Et moi aussi.

Pionnier des opérations de réassignation
Marc Revol

Deux mois après mon opération, j'ai interrogé le Pr Marc Revol, chirurgien plasticien « historique » de la vaginoplastie ; il a permis des avancées considérables dans la construction des attributs sexuels féminins. Il vient de prendre sa retraite, mais sa succession est bien assurée, notamment par son ancienne élève, Sarra Cristofari.

Des associations trans vous critiquent en affirmant que les chirurgiens français sont mauvais. Elles vantent souvent les mérites de vos confrères thaïlandais.

C'est de la pure calomnie. Quelles sont leurs preuves que nous sommes mauvais ? Si, bien sûr, ces militants se réfèrent à nos débuts, dans les années quatre-vingt, alors oui, nous n'étions pas très bons. Avec une opération par mois ou tous les deux mois, cela ne suffit pas pour progresser ; nous manquions d'expérience et de pratique. Moi-même, je ne suis évidemment pas satisfait quand je regarde ce que je faisais à mes débuts, sur le plan morphologique, par exemple. Mais ce n'est plus vrai depuis plus de vingt ans. Certaines associations sont restées sur une réalité très ancienne. Aujourd'hui, toutes les équipes de Lyon, Marseille, Bordeaux, Paris, Strasbourg et Brest savent faire et bien faire, aussi bien que les équipes étrangères.

Ces mêmes associations s'en prennent au parcours médical qui permet d'être suivi sans difficulté par un psychiatre, un endocrinologue et un chirurgien.

Pourtant, c'est ce qui permet le meilleur suivi pour la patiente ou le patient. Nous nous retrouvons tous régulièrement dans une réunion de concertation pluridisciplinaire (RCP) pour offrir les meilleures solutions à chacun. Comme dans n'importe quel domaine médical, cela évite qu'un seul médecin puisse prendre une mauvaise décision : nous discutons entre nous et échangeons nos avis.

En tant que chirurgien, j'exige d'avoir un avis de psychiatre, comme le fera également un endocrinologue sérieux. Nous sommes personnellement responsables de nos actes et nous devons être assurés que l'intervention chirurgicale est la bonne solution, validée par un psychiatre. Un psychiatre expérimenté dans le domaine, et non un psychiatre qui fera un certificat de complaisance moyennant finances Il m'assurera qu'il y a plus d'avantages à faire cette intervention qu'à ne pas la faire. Évidemment, on n'a pas besoin d'un psychiatre pour dire « je suis trans ou pas » ; ça, c'est personnel. Le psy, lui, va déterminer les éventuels facteurs de fragilité. Dernièrement, j'ai assisté à la soutenance de thèse d'un pédopsychiatre et, à mon avis, ses conclusions peuvent s'appliquer aux adultes. Dans la moitié des cas de trans ados, on n'a pas besoin de psychiatre, tout se passe bien ; mais dans l'autre moitié, le psychiatre est indispensable parce que les problèmes sont graves, des problèmes de comorbidité, de fragilité associée. Comme on ne sait pas dans quelle moitié se trouve la personne concernée, on a besoin d'un psychiatre pour le dire. Seul un psychiatre peut faire ce tri, et assurer les prises en charge éventuellement nécessaires.

Certains estiment qu'il s'agit d'une psychiatrisation de la transidentité…

Absolument pas… Il s'agit simplement d'assurer que nos actes, hormonaux ou chirurgicaux, qui ne sont pas des actes anodins, sont justifiés et que nous n'allons pas nous retrouver devant un juge. Le chirurgien peut être accusé d'amputation d'organe sain et se retrouver inculpé de coups et blessures.

Parlons un peu de vous… Quand avez-vous pratiqué votre première vaginoplastie ?

En 1981, lorsque j'étais encore interne avec le Pr Banzet, qui est le pionnier de la chirurgie de réassignation en France. Puis seul, quand je suis devenu chef de clinique en 1983. Je ne m'intéressais pas du tout à ce domaine de la chirurgie plastique. Ma spécialité était, et je l'avais gardée en parallèle, la chirurgie des membres et la réanimation des membres supérieurs tétraplégiques afin de leur permettre de retrouver la préhension. C'est vraiment ce que je voulais faire… Mais mon patron, le Pr Banzet, m'a dit : « Marc, il faut reprendre et poursuivre cette chirurgie. » Je lui ai répondu que ce n'était pas mon truc ; je descendais au bloc à contrecœur. Mais, face à son insistance et pour lui faire plaisir, j'ai accepté, en me disant qu'une fois qu'il serait à la retraite, que je serai devenu professeur, il serait temps d'arrêter.

Pourquoi cette réticence ?

Je ne connaissais rien au « transsexualisme », comme on disait à l'époque. Et comme dans n'importe quel domaine, quand on ne connaît pas ou mal, on se met des barrières. Mais petit à petit, je me suis dit qu'il fallait que je m'implique plus, que je fasse quelque chose de plus sérieux. À l'époque, nous ne pratiquions qu'une intervention par mois, voire tous les deux mois. Aujourd'hui, c'est deux par semaine.

C'est vrai que nous n'étions pas très bons ; nous manquions d'expérience. Nous avions le sentiment d'essuyer les plâtres : il n'existait pas de formation hospitalière ni universitaire dans ce domaine. L'opération se déroulait alors en deux temps. Ce n'était pas possible de continuer ainsi. Comme pour n'importe quelle question médicale ou chirurgicale, j'ai revu mes patientes, j'ai relu mes dossiers et j'ai fait des études de satisfaction. Effectivement, il fallait changer les choses. J'avais déjà apporté des améliorations, un peu en tremblant, parce que ce n'était pas ce que j'avais appris. J'ai en quelque sorte tué psychanalytiquement le père, en faisant ce que mon patron m'avait dit de ne pas faire, mais qui s'avérait mieux. Et puis je suis allé voir des chirurgiens à Gand, en Belgique, à Amsterdam et à Montréal. J'ai pris ce qui me semblait être le meilleur pour mes patientes.

À mes débuts, l'opération durait cinq ou six heures. Aujourd'hui, en rationalisant les gestes, j'ai ramené l'opération à deux heures, deux heures et demie. On a divisé la durée de l'intervention par trois et on a profondément amélioré la qualité opératoire. Mes successeurs parisiens ont été formés à cette technique qu'ils dominent aussi bien que moi. De même que la professeure Bruant-Rodier, du CHU de Strasbourg, que je suis allé aider en mai 2019 pour sa première opération de ce type. Ou l'équipe de Brest.

Combien pratiquez-vous d'opérations ?

Deux par semaine, comme l'équipe de Lyon, par exemple. Sur une année, en France, nous devons réaliser environ 200 vaginoplasties.

Quel regard portez-vous sur votre acte chirurgical qui permet de corriger ce que nous, personnes transidentitaires, appelons une « erreur de la nature » ?

C'est simple : cela permet de soulager une souffrance. C'est ça qui m'intéresse, on est vraiment dans le rôle de la médecine. C'est aussi le bonheur d'avoir rendu service à des personnes en leur permettant une vie meilleure qu'elles soient transgenres ou, dans un autre domaine me concernant, tétraplégiques.

La transidentité nous apprend beaucoup
Bernard Cordier

Comme le chirurgien Marc Revol, le Dr Bernard Cordier, ancien chef du service psychiatrie de l'hôpital Foch de Suresnes, fait partie des pionniers de la deuxième génération en matière de transidentité. Il continue d'exercer uniquement dans le cadre d'une consultation spécialisée dans l'accueil et l'accompagnement des personnes transgenres. Un accueil et un accompagnement qui ont évolué au fil des années et qui lui ont permis de faire des constats intéressants, comme la forme de parité incroyable incarnée par les personnes transidentitaires.

Depuis quand vous intéressez-vous à la transidentité ?

J'ai débuté à Rouen en 1980, puis je suis arrivé à l'hôpital Foch en 1991. À Rouen, on m'avait suggéré de faire médecine légale. Ce n'est pas que les autopsies m'intéressaient, ce qui m'intéressait vraiment, c'étaient les expertises psychiatriques dans le cadre de la criminologie. Or, en 1988, le Pr Breton, l'un des trois pionniers français dans le domaine de la transidentité, m'a demandé de recevoir une personne qui souhaitait être opérée. Il m'a dit : « On te confie cette mission parce que c'est un problème médico-légal avec risque de poursuites pour crime de castration. » Vous vous rendez compte d'où on vient, comment la situation était appréhendée il y a trente ans ? À l'époque, on avait intérêt à faire les examens les plus complets pour écarter une maladie mentale. Pour démontrer que les patients avaient un niveau intellectuel suffisant pour comprendre les conséquences de ce qu'ils demandaient, nous devions même faire un QI à toutes personnes transidentitaires qui venaient nous voir. On devait « blinder » le dossier. Aujourd'hui, ce serait insupportable pour nos patientes et nos patients. À l'époque, le chemin à parcourir était complexe, avec tests psychologiques, tests de niveau, tests de personnalité, examens psychiatriques, etc., pour éviter ensuite toute contestation.

Ce domaine de la transidentité est finalement devenu ma principale activité, parallèlement au service de psychiatrie de l'hôpital Foch que je dirigeais, plus spécialisé dans la suicidologie. Petit à petit, j'ai pris conscience que seul un psychiatre peut dire qu'une situation n'est pas psychiatrique, en l'occurrence une demande de transition. C'est important parce qu'à cette époque, il y avait des collègues qui prenaient cela pour du délire. Il y en a un qui m'a même dit un jour : « Si quelqu'un te dit qu'il est Napoléon, tu ne vas quand même pas le transformer en Napoléon. » Pour eux, c'était délirant. Or, la dysphorie de genre démarre à un âge tellement précoce que ce n'est pas un âge où on délire : pour délirer, il faut déjà être mature. Pour sortir de la réalité, il faut déjà avoir accès à la réalité, ce qui n'est pas le cas à 4-5-6 ans. J'étais en quelque sorte pionnier en affirmant que ces personnes n'étaient pas malades mentales. J'ai également constaté des résultats positifs que je n'avais jamais vus en tant que psychiatre et qui m'ont encouragé à poursuivre dans ce domaine.

Comment avez-vous été « reçu » par vos confrères ?

Avant que je sois nommé chef de service, des collègues disaient : « Ne le nommez pas à ce poste, il va faire venir tout le bois de Boulogne à Foch ! » Vous voyez ce qui pouvait se dire et se penser en 1991 ! J'ai quand même été nommé et j'ai créé une consultation qui ne s'est jamais interrompue : j'ai ainsi suivi autour de 1 500 patientes et patients trans. Du côté de la direction de l'hôpital Foch, hôpital privé à fonction publique qui appartient à la Fondation franco-américaine du Maréchal-Foch, il n'y a jamais eu aucune réticence, mais aussi jamais aucune pub pour cette activité. Une sorte de peur vis-à-vis des donateurs, peur d'en perdre certains…

Certaines associations dénoncent une psychiatrisation de la transidentité...

Mais la psychiatrie ne s'intéresse pas qu'aux maladies mentales. Elle permet aussi de mieux connaître l'être humain. À propos de la transidentité, nous ne pouvons pas dire que cela n'a rien à voir avec la psychologie ou la psychopathologie. Grandir, forger sa personnalité en étant toujours à côté de ce que l'on attend de soi, en étant assis entre deux chaises, en se posant des questions à un âge où on ne se les pose pas du genre « qui suis-je ? », « je ne suis pas comme les autres garçons ou les autres filles », ça laisse des traces, ça n'est pas anodin. D'autant plus quand on se réfère à la psychanalyse qui démontre qu'il y a des mécanismes d'identification au père ou à la mère selon qu'on est garçon ou fille. Des mécanismes d'identification nécessaires, mais qui, là, sont perturbés. Les personnes transgenres ont grandi dans un corps qui ne correspond pas à la tête : à 5 ans, elles le sentent, mais elles ne peuvent l'exprimer. Cette épreuve, ces difficultés apportent aussi un plus :

ces personnes, si elles sont devant nous avec leur démarche, c'est parce qu'elles ont assumé, qu'elles ne sont pas restées dans le non-dit. Elles sont dans une sorte de résilience qui a duré parfois des dizaines d'années.

Mais tout cela ne signifie pas une « psychiatrisation » de la transidentité. Il nous faut simplement déterminer dans ce cheminement de transition, qui n'est pas anodin, que la personne souffre bien de dysphorie de genre et non d'une maladie mentale. Et seul un psychiatre peut le dire. La dysphorie de genre n'est pas une maladie, mais une souffrance : nous sommes là pour la faire disparaître grâce au traitement hormonal, puis, selon le souhait de la personne, par un acte chirurgical.

Nos confrères endocrinologues et chirurgiens ont besoin de cette « validation », que j'appelle aussi « éligibilité », avant d'engager un processus irréversible. En tout cas, sachez que nous avons réduit le nombre de rendez-vous à deux, au lieu de trois précédemment ; ils me suffisent pour écarter la maladie mentale et me donner une idée de la dysphorie de genre.

Il n'empêche que le délai pour être opéré reste fixé à deux ans après un premier rendez-vous avec le psychiatre. C'est long…

Mais ce n'est pas notre fait. C'est la Caisse nationale d'assurance maladie qui l'impose en contrepartie de la prise en charge totale de ce parcours de transition ; c'est quand même formidable et unique dans le monde. En revanche, il est vrai que ces deux dernières années, les délais de rendez-vous sont passés, en ce qui me concerne, de trois mois à sept mois. Les demandes sont de plus en plus nombreuses. Ce qui est bien, c'est que l'AP-HP [Assistance publique-Hôpitaux de Paris] commence à se mobiliser sur cette question.

Et des confrères développent des contacts pour créer à Paris un centre pluridisciplinaire, un peu à l'image de ce qui a été fait à Montréal. Dans un seul et même lieu, toutes les spécialités liées à la transidentité pourraient être regroupées.

Que vous a fait découvrir le suivi des personnes trans ?

Sur le plan scientifique, il est très intéressant de suivre les effets de l'hormonothérapie. Nous sommes les témoins d'un phénomène exceptionnel : l'inondation du corps par l'hormone du sexe opposé, y compris sur le plan cérébral. Cela a un effet bénéfique pour les personnes qui luttaient en permanence contre ce conflit intérieur entre les deux parties hormonales : enfin, il y a une unité. Et puis, il y a l'observation des effets chirurgicaux de mieux-être, de renaissance et de redémarrage social et socioprofessionnel étonnant, grâce à cette véritable « libération », avec, souvent, l'envie de prouver quelque chose. Toute l'énergie qui était centralisée sur ce problème de mal-être est enfin redéployée pour réussir sa nouvelle vie.

Avant d'en arriver là, d'en arriver à cette renaissance, j'ai observé toute cette énergie qui était mise en œuvre pour tenter de lutter contre ce mal-être. Cela mène parfois à une forme d'excès. Par exemple, ce garçon qui se sent fille, et qui se dit : « Je vais étouffer la fille qui est en moi : je fais de la boxe, je deviens militaire. » Et puis, ça craque Il constate que, finalement, il est totalement dans un rôle théâtral en tentant de pousser à fond sa virilité, alors qu'il ne la supporte pas. Cela se voit surtout dans les milieux où la personne concernée sait ou croit que sa transidentité ne sera pas acceptée, qu'elle sera traitée de fou

Je rencontre évidemment la situation inverse avec des filles qui se sentent garçons. Elles se disent : « Allez, je vais être coquette, je vais être féminine. » Cela dure six mois : elles mettent une robe, elles veulent se rendre belles. Tout cela pour tenter de surmonter leur mal-être, comme si cela allait « passer ». Elles me montrent des photos qui ne leur ressemblent pas du tout. Mais non, cela ne « passe » pas. La preuve, c'est qu'après, tout s'écroule et qu'elles vont encore plus mal.

Pour un médecin, tout cela est passionnant : on découvre de nouvelles situations, on ressent des effets bénéfiques chez nos patients. Que peut-on espérer de plus pour être motivé ? On se sent utile. En fait, tout psychiatre est un chercheur, car nous sommes tout à fait conscients de n'être jamais sûrs de rien.

Ce dont je suis sûr en revanche, cette certitude acquise par mon expérience, c'est que ce que nous faisons atténue une souffrance. Il serait donc éthiquement incorrect de ne pas s'occuper de toutes ces personnes qui souffrent de dysphorie de genre.

Mais une personne trans est-elle différente d'une personne bien dans son sexe de naissance ?

Cela n'est pas scientifiquement établi, mais à force de voir la réflexion approfondie, intéressante de toutes ces personnes, quels que soient leurs diplômes et leur formation, cela m'a fait penser au mot « parité ». Et je suis allé jusqu'à me demander : serions-nous devant une parité incarnée ? La parité, c'est le fait qu'hommes et femmes réunis, on est meilleurs grâce à cette complémentarité. N'est-ce pas ce que l'on observe chez une personne transgenre qui réunit les deux en un seul individu ? Elle a les deux en elle, ayant été contrainte de grandir avec les hormones du sexe dans lequel elle ne se reconnaît pas et en adoptant son fonctionnement, ses principes, avant d'en être libéré et de basculer dans le « bon » sexe grâce à d'autres hormones et avec un fonctionnement différent. Vous incarnez donc une véritable forme de parité. Ce qui me fait dire que vous n'avez pas quelque chose en moins, mais quelque chose de plus, car, comme Tirésias dans la mythologie grecque, vous vivez les deux sexes.

Le traitement hormonal, hormis un changement d'apparence, a-t-il un effet sur la psychologie ?

Oui, et pour nous, médecins, cela est très intéressant à observer. C'est l'hormonodépendance. J'ai, par exemple, trois patients femmes devenues hommes en prison. La testostérone a modifié leur comportement, leur force musculaire et leur agressivité. Pour moi, l'hormonodépendance, si souvent contestée par le milieu analytique et psychanalytique, est une réalité incontournable. Premier effet des hormones que je constate, c'est l'apaisement parce qu'enfin, le conflit intérieur a cessé. Toutefois, pour les « femmes vers hommes », on constate que la prise de testostérone peut conduire à un accroissement de l'irritabilité, de l'impatience. Pour les « hommes vers femmes », on va constater un accroissement de l'émotivité. Vous ne vous dites pas : tiens, maintenant que je suis une femme, je vais pleurer plus souvent. Non, cela vient « tout seul ». Ce sont les hormones qui vont induire des réactions et des comportements différents.

Par-delà l'anatomie, la transidentité nous aide et va continuer à nous aider à mieux comprendre ce qu'est un homme, ce qu'est une femme. Mais on est dans l'infiniment complexe, car c'est bio-psychosocial. Ce qui est dommage, c'est qu'en France, il existe peu de recherches et de publications dans ce domaine.

En sait-on plus aujourd'hui sur les origines de la dysphorie de genre ?

Non, cela reste un mystère. Pour l'instant, les études génétiques n'ont rien montré. Mais on peut avoir des intuitions. J'ai eu la chance de recevoir des patients d'origines et de cultures totalement différentes, venus du monde entier. Des patients issus de toutes les constellations familiales : « classiques », adoptés, issus de familles nombreuses, recomposées, etc. Et j'ai pu constater une véritable ressemblance dans tout ce qu'ils ont ressenti, ce qu'on appelle dans notre jargon une « entité nosographique ». C'est quelque chose qui existe en soi sans l'influence de telle ou telle société ou de telle ou telle culture. La seule différence qui peut exister entre deux endroits, c'est : on en parle ou on n'en parle pas.

Ce qui est particulier dans cette entité, c'est qu'il y a un point commun qui me fait penser que c'est de naissance, ce n'est pas « éducatif ». Je vais être un peu caricatural : qu'est-ce qui détermine le sexe ? C'est la vision à la naissance d'un organe qui est périphérique. On ne fait ni caryotype ni IRM. Or, ce qui est central est beaucoup plus important que ce qui est périphérique. On va entrer dans un autre débat qu'on ne peut pas ne pas aborder. Il y a en ce moment un phénomène sociétal de remise en cause de la binarité et de convictions que tout est acquis, rien n'est inné : c'est l'éducation, l'école, les lectures qui entraînent que les garçons sont comme ils sont et les filles sont comme elles sont. Même si, bien entendu, dans certains domaines, l'éducation compte énormément, je ne peux pas adhérer à cette idée grâce à tout ce que j'ai vu et observé chez toutes ces personnes venues me voir. Elles nous ont beaucoup appris et elles vont encore nous apprendre énormément en allant plus loin dans cette question : en réalité, qu'est-ce qu'un homme ? Qu'est-ce qu'une femme ?

Tout cela nous oblige à admettre, ce que tout le monde n'admet pas, qu'à 2 ou 3 ans, indépendamment de l'éducation, le cerveau du petit garçon n'est pas comme le cerveau de la petite fille. On sait déjà que le petit garçon est plus dans le mouvement (cela correspond aux récepteurs de ses hormones) et la petite fille plus dans l'échange et le contact avec un fonctionnement cérébral plus vaste. On a même démontré grâce à l'IRM que le corps calleux qui est le pont entre les deux hémisphères du cerveau est plus développé chez la fille que chez le garçon. Une expérience a montré que lors d'une lecture auprès de 10 hommes et 10 femmes, 8 hommes sur 10 écoutaient avec un seul hémisphère, 8 femmes sur 10 avec les deux. L'IRM a également confirmé que les filles ont un an et demi d'avance sur les garçons dans la maturation du cerveau, c'est-à-dire le sommet du potentiel de connexions.

Pour en revenir à votre question sur les origines de la dysphorie de genre, intuitivement, je pense qu'il y a eu un « bug » pendant la grossesse, une sorte d'« erreur de programmation ». Tout le monde le sait, nous sommes tous féminins durant 15 jours. Ensuite, il y a un programme qui se met en route avec X-Y. Et comme dans tous les programmes, il peut y avoir un bug. La difficulté pour les chercheurs, c'est que, pendant la grossesse, on ne peut pas savoir grand-chose : certaines études pourraient présenter un risque, comme l'étude poussée du cerveau des fœtus. En tout cas, c'est une hypothèse née de la similitude entre toutes ces personnes qui m'ont raconté les mêmes choses, des deux côtés d'ailleurs « femme-homme » et « homme-femme ».

Toutefois, je vous le confirme : la dysphorie de genre reste aujourd'hui une énigme.

Remerciements

Mon premier remerciement va à Laurent Guimier qui m'a soutenue dans l'écriture de cet ouvrage et a cru en la nécessité de mon témoignage. Il a supervisé avec justesse et bienveillance la première version de mon texte.

Merci aussi à mes amis José Poughon et Jean-Gérard Robichez, pour leurs remarques judicieuses et pertinentes, parfois sans concessions, qui m'ont permis d'améliorer les versions successives.

Un grand merci également à l'équipe dirigeante de First, Benjamin Loo et Marie-Anne Jost-Kotik, pour leur soutien, leurs conseils avisés et le suivi final de ce livre. Et pour le choix de l'excellente photographe, Astrid di Crollalanza, qui, pour la couverture du livre, a su, par sa sensibilité, me réconcilier avec mon image.

Une pensée toute particulière à mes proches, famille, amis et collègues, qui sont présents dans cet ouvrage par la reprise de leurs propos, de leurs remarques ou de leurs sentiments.

Une pensée émue également pour l'équipe médicale qui m'a entourée et accompagnée, et qui, pour certains de ses membres, a accepté de répondre à mes questions, afin d'apporter une meilleure connaissance de la transidentité.

Enfin, énormes remerciements et reconnaissances à Christine, Elodie et Aurélien qui auraient certainement préféré plus de discrétion de ma part, mais savent aussi qu'il est important et vital pour moi de témoigner, afin que, dans quelques années, la transidentité n'ait plus besoin de justifications, de livres ou d'émissions pour exister le plus « normalement » possible dans une société informée et tolérante. Car comme le disait le philosophe Averroès : « L'ignorance mène à la peur, la peur mène à la haine et la haine conduit à la violence ».